AF389801

HISTOIRE

DE LA

RÉVOLUTION FRANÇAISE.

—

TOME II.

IMPRIMERIE DE A. BARBIER,
rue des Marais S.-G. , n. 17.

FÈTE DE LA FÉDÉRATION

HISTOIRE POPULAIRE

DE

LA RÉVOLUTION

FRANÇAISE,

PAR

M. HORACE RAISSON,

AUTEUR DE L'HISTOIRE POPULAIRE DE NAPOLÉON
ET DE LA FAMILLE BONAPARTE.

TOME DEUXIÈME.

PARIS,

CHARLES MARIN, ÉDITEUR,

RUE GRANGE-AUX-BELLES, N. 4.

ET CHEZ LES MARCHANDS DE NOUVEAUTÉS.

1831.

HISTOIRE POPULAIRE

DE LA

RÉVOLUTION

FRANÇAISE.

CHAPITRE PREMIER.

Sommaire : Effervescence.—Voyage du roi à Paris.

Juillet 1789.

La prise de la Bastille avait porté l'enthousiasme à son comble : les citoyens les plus paisibles étaient tout-à-coup devenus d'intrépides soldats; et l'assemblée permanente des électeurs venait difficilement à bout de tempérer l'ardeur populaire. Vers le milieu de la nuit du 14 au 15, le bruit se répandit subitement que les trou-

TOME II.

pes s'avançaient sur les faubourgs Saint-Marceau et Saint-Denis; une foule de citoyens se rendirent tumultueusement à l'Hôtel-de-Ville, demandant à grands cris des armes et des munitions pour marcher à l'ennemi. Le comité permanent ne pouvait les satisfaire, ils le menacèrent avec furie. « Mes amis, leur dit le cheva-
» lier Sandrai qui présidait ce comité,
» vous êtes dupes de faux bruits répandus
» dans le but évident de diviser les ci-
» toyens. Je ne me persuaderai jamais que
» la main droite veuille détruire la main
» gauche, ou que la tête ait envie de man-
» ger les deux mains. L'intérêt du roi ne
» peut pas être oublié au point qu'il
» veuille qu'on détruise son plus bel apa-
» nage, sa capitale; mais si tel est le des-
» sein de ceux qui l'ont trompé, gardons-
» nous de nous diviser. Ne portons point
» au-dehors nos forces et nos canons,
» parce que, au-dehors, les troupes ré-
» glées auront toujours l'avantage. N'atta-
» quons point; vendons cher notre vie,
» restons chez nous, que les issues soient

» gardées, que nos maisons nous servent
» de rempart. »

La justesse de ce raisonnement calma l'ardeur de ces braves gens qui ne voulaient réellement que battre l'ennemi, et une distribution de poudre et de balles satisfit leur ardeur, en les assurant que ce n'était pas par crainte, mais seulement par prudence, que l'on refusait le service de leurs bras.

Voyons maintenant ce que faisait à Versailles l'assemblée nationale. La plupart des députés avaient passé la nuit du 13 au 14 dans la salle des états, moins dans la vue de délibérer et de continuer la séance, que pour se mettre à couvert des entreprises des ministres; car plusieurs avaient reçu l'avis secret qu'on devait les arrêter.

La cour était résolue d'agir cette nuit même; les régimens de Royal-Allemand et de Royal-Etranger avaient ordre de prendre les armes; les hussards s'étaient portés sur la place du château, et les Gardes-du-Corps occupaient les cours. A ces préparatifs menaçans, le château joignait un air de fête qui, dans la circonstance, ajoutait l'insulte à la cruauté. On fit jouer la musique des deux régimens. Les soldats, auxquels on n'avait pas épargné le vin, formèrent des danses. Une joie insolente et brutale éclatait de toutes parts; une troupe de femmes, la foule des courtisans regardaient cet étrange spectacle; ils semblaient se livrer à un insultant triomphe.

L'assemblée nationale offrait un aspect bien différent : un calme majestueux, une contenance ferme, une activité sage et tranquille, tout annonçait la portée des grands intérêts dont elle était occupée; tout révélait le danger de la chose publique.

« Ce n'était point, dit le marquis de Ferrières, ignorance des desseins de la cour; l'assemblée savait qu'au moment même de l'attaque de Paris, le régiment de Royal-Etranger et les hussards devaient environner la salle des états, enlever les députés que leur zèle et leur patriotisme avaient désignés pour victimes, et, en cas de résistance, employer la force. Elle savait que le roi devait venir le lendemain faire accepter la déclaration du 23 juin, et dissoudre l'assemblée; que déjà plus de quarante mille exemplaires de cette déclaration étaient envoyés aux intendans et aux subdélégués, avec ordre de la publier et de l'afficher dans toute l'étendue du royaume. » Elle avait arrêté : « qu'il serait fait une députation au Roi pour lui représenter tous les dangers qui menaçaient la capitale et le royaume, la nécessité de renvoyer les troupes dont la présence irritait le désespoir du peuple, et de confier la garde de la ville à la milice bourgeoise. » Elle avait arrêté en outre que, si elle obtenait la parole du Roi pour le renvoi des troupes et l'établissement de la milice bourgeoise, elle enverrait des députés à Paris pour y porter ces nouvelles consolantes, et contribuer au retour de la tranquillité.

Mais la réponse du Roi n'avait pas été favorable. « Je vous ai déjà fait connaître, avait répondu ce monarque à l'archevêque de Vienne qui la présidait, mes intentions sur les mesures que les désordres de Paris m'ont forcé de prendre; c'est à moi seul de juger de leur nécessité, et je ne puis à cet égard apporter aucun changement. Quelques villes se gardent elles-mêmes; mais l'étendue de cette capitale ne permet pas une surveillance de ce genre. Je ne doute pas de la pureté des motifs qui vous portent à offrir vos services dans cette affligeante circonstance ; mais votre présence à Paris ne ferait aucun bien ; elle est nécessaire ici pour l'accélération de vos travaux importans, dont je ne cesse de vous recommander la suite. »

Ce fut alors que l'assemblée, consternée de cette réponse, se déclara en permanence.

Bientôt on apprit le soulèvement général du peuple, l'envahissement des invalides, l'enlèvement des canons et les dispositions prises pour le siége de la Bastille. A ces nouvelles décisives, on avait envoyé au Roi une seconde députation, qui avait reçu pour réponse : « Je me suis sans cesse occupé de toutes les mesures propres à rétablir la tranquillité dans Paris ; j'avais en conséquence donné l'ordre au prévôt des marchands et aux officiers municipaux de se rendre ici, pour concerter avec eux les dispositions nécessaires ; instruit depuis de la formation d'une garde bourgeoise, j'ai donné ordre à des officiers généraux de se mettre à la tête de cette garde, afin de l'aider de leur expérience et de seconder le zèle des bons citoyens. J'ai également ordonné que les troupes qui sont au Champ-de-Mars s'écartassent de Paris ; les inquiétudes que vous me témoignez sur les désordres de cette ville doivent être dans tous les cœurs, et affectent vivement le mien. »

La crise était trop violente pour que cette réponse pût paraître satisfaisante. On proposa donc de mander les ministres à la barre, et d'exercer contre eux la prérogative de responsabilité dont déjà l'assemblée avait posé le principe. Au milieu de la discussion, Mirabeau s'écrie : « Il nous faut des têtes ! qu'on fasse venir le maréchal de Broglie. » C'était ce maréchal qui commandait les troupes réunies autour de Paris, et dont la présence avait fait tout le mal. Ces paroles de Mirabeau n'eurent cependant point de suite, et l'on se contenta d'envoyer au roi une troisième députation, ayant à sa tête l'archevêque de Paris, pour le conjurer de se rendre aux vœux de l'assemblée. C'était en effet le seul moyen de calmer l'irritation de la capitale. A cette nouvelle démarche, le Roi ne répondit que ces mots :

« Vous déchirez mon cœur de plus en plus par le récit que vous me faites des malheurs de Paris. Il n'est pas possible de croire que les ordres qui ont été donnés aux troupes en soient la cause. Vous savez la réponse que j'ai faite à votre précédente députation; je n'ai rien à y ajouter. »

Cette réponse était-elle propre à porter le calme dans Paris ? il était dix heures du soir. Il fut décidé que le lendemain matin il serait envoyé une quatrième députation au Roi ; mais il fallait faire une réponse aux électeurs dont on avait reçu deux envoyés; en conséquence, on prit, séance tenante, l'arrêté suivant :

« L'assemblée nationale, profondément affectée des malheurs qu'elle n'avait que trop prévus, n'a cessé de demander la retraite entière et absolue des troupes extraordinairement rassemblées dans la capitale et aux environs; elle a encore envoyé, dans ce jour, deux députations au Roi sur cet objet, dont elle ne cesse de s'occuper nuit et jour. Elle fait part aux électeurs des deux réponses qu'elle a reçues; elle renouvellera demain les mêmes démarches; elle les fera plus pressantes encore, s'il est possible : elle ne cessera de les répéter et de tenter de nouveaux efforts, jusqu'à ce qu'ils aient eu-le succès qu'elle a droit d'attendre, et de la justice de sa réclamation et du cœur du Roi, lorsque des impressions étrangères n'en arrêteront plus les mouvemens. »

Le lendemain 15, la séance de l'assemblée nationale s'ouvrit à huit heures du matin; plusieurs députés lurent des projets d'adresse, aucun ne fut adopté; on ne s'accorda que sur la nécessité d'envoyer une nouvelle députation au Roi pour lui faire la demande itérative du renvoi des troupes à leurs garnisons, la demande d'une libre communication pour le transport des blés et des farines nécessaires à la subsistance de Paris; et enfin la demande d'une réponse qui pût permettre à l'assemblée d'aller à Paris porter la nouvelle de l'éloignement des forces militaires, consolider l'établissement des gardes bourgeoises, et essayer de rappeler le bon ordre, en rassurant le peuple sur ses craintes et ses alarmes.

Le marquis de La Fayette fut désigné pour présider cette nouvelle députation; il se levait pour sortir de la salle, lorsque Mirabeau l'arrêta, et s'écria avec cette éloquence impétueuse, puissant caractère de son talent: « M. le président, dites bien au Roi que les hordes étrangères dont nous sommes investis ont reçu hier la visite des princes, des princesses, des favoris, des favorites, et leurs caresses, et leurs exhortations et leurs présens ; dites-lui que toute la nuit, ces satellites étrangers, gorgés d'or et de vin, ont prédit dans leurs chants impies l'asservissement de la France, et que leurs vœux brutaux invoquaient la destruction de l'assemblée nationale ; dites-lui que, dans son palais même, les courtisans ont mêlé leurs danses au son de cette musique barbare, et que telle fut l'avant-scène de la Saint-Barthélemi ; dites-lui que ce Henri, dont l'univers bénit la mémoire, celui de ses aïeux qu'il voulait prendre pour modèle, faisait passer des vivres dans Paris révolté qu'il assiégeait en personne, et que ses conseillers féroces font rebrousser les farines que le commerce apporte dans Paris fidèle et affamé ! »

La députation était sortie de la salle : elle s'avançait vers le château, lorsque le duc de Larochefoucauld Liancourt la fit rétrograder, en lui annonçant que le Roi allait se rendre à l'assemblée. Ce duc avait saisi l'instant favorable où le prince, livré à lui-même, réfléchissait sur l'importance du parti qu'on lui avait conseillé de prendre, et lui avait exposé avec franchise la situation de Paris. — Mais c'est donc une révolte ? dit le Roi.—Non, Sire, avait répondu le duc; « c'est une révolution. » Alors il avait représenté au Prince l'influence de la capitale, les progrès de l'esprit public, le peu de fonds que l'on pouvait faire sur l'obéissance et la fidélité des troupes, les dangers que courait toute la famille royale si l'on s'obstinait à suivre les conseils perfides des ministres. Ce furent toutes ces considérations qui décidèrent le Roi à se rendre à l'assemblée, où debout, découvert, sans cérémonial et sans même vouloir faire usage d'un fauteuil qui avait été élevé pour lui sur une estrade, il prononça avec dignité le discours suivant :

« Messieurs,

« Je vous ai rassemblés pour vous consulter sur les affaires les plus importantes de l'État; il n'en est pas de plus instante et qui affecte plus sensiblement mon cœur que les désordres qui règnent dans la capitale. Le chef de la nation vient avec confiance au milieu de ses représentans leur témoigner sa peine et les inviter à trouver les moyens de ramener l'ordre et le calme.

« Je sais qu'on vous a donné d'injustes préventions ; je sais qu'on a osé publier que vos personnes n'étaient pas en sûreté ; serait-il nécessaire de vous rassurer sur des bruits aussi coupables, démentis d'avance par mon caractère connu ?

« Eh bien ! c'est moi qui ne suis qu'un avec ma nation, c'est moi qui me fie à vous ; aidez-moi, dans cette circonstance, à assurer le salut de l'état : je l'attends de *l'assemblée nationale*. Le zèle des représentans de mon peuple, réunis pour le salut commun, m'en est un sûr garant ; et comptant sur l'amour et la fidélité de mes sujets, j'ai donné ordre aux troupes de s'éloigner de Paris et de Versailles. Je vous autorise et vous invite même à faire connaître mes dispositions à la capitale. »

Des applaudissemens et des cris de *vive le Roi* interrompirent à plusieurs reprises ce discours. L'archevêque de Vienne, président de l'assemblée, y répondit en ces termes :

« Sire, l'amour de vos sujets pour votre personne sacrée semble contredire, dans ce moment, le profond respect dû à votre présence, si pourtant un souverain peut être mieux respecté que par l'amour de ses sujets. L'assemblée nationale reçoit avec la plus vive sensibilité l'assurance que Votre Majesté lui donne de l'éloignement des troupes rassemblées par ses ordres dans les murs et autour de la capitale, et dans le voisinage de Versailles. Elle suppose que ce n'est pas simplement un éloignement à quelque distance, mais un renvoi dans les garnisons ou quartiers d'où elles étaient sorties, que Votre Majesté accorde à ses désirs.

« L'assemblée nationale m'a ordonné de rappeler, dans ce moment, quelques-uns de ses derniers arrêtés auxquels elle attache la plus grande importance ; elle supplie Votre Majesté de rétablir, dans ce moment, la communication libre entre Paris et Versailles, et, dans tous les temps, une communication libre et immédiate entre elle et Votre Majesté ; elle sollicite avec instance l'approbation de Votre Majesté pour une députation qu'elle désire envoyer à Paris, dans la vue et avec l'espérance qu'elle contribuera beaucoup à ramener l'ordre et le calme dans votre capitale ; enfin elle renouvelle ses représentations auprès de Votre Majesté, sur les changemens survenus dans la composition de votre conseil. Ces changemens sont une des principales causes des troubles funestes qui nous affligent, et qui ont déchiré le cœur de Votre Majesté. »

Le Roi répondit que, quant à la députation de l'assemblée nationale à Paris, on connaissait ses intentions et ses désirs, et que quant à sa communication avec lui, il ne refuserait jamais de communiquer avec l'assemblée nationale. L'archevêque de Vienne ajouta alors que l'assemblée demandait depuis long-temps un libre accès auprès de sa personne et l'abandon de toutes ces voies intermédiaires qui ne conviennent ni à la majesté du trône, ni à la *majesté de la nation.*

Le Roi sortit alors, et l'assemblée, ne se lassant pas d'exprimer au Roi ses sentimens d'amour, se porta, par un mouvement spontané sur les pas de Sa Majesté, et la conduisi au château, où le Roi se rendit à pied, ayant le vœu de la nation pour garde, et ses représentans pour cortége.

Pendant sa marche, on lui fit observer que le chemin à parcourir était long. « Il n'est pas fatiguant, » répond-il en montrant avec sensibilité son escorte. On lui dit que ces acclamations rendaient hommage à son caractère, et il ajouta : « Comment a-t-il pu être méconnu ? » Une femme alors fendit la presse et se jetta à ses pieds. « Ah! Sire, lui dit-elle, ne vous laissez plus tromper ; si vous saviez combien le peuple vous aime ! » Le Roi, attendri, la releva en l'embrassant.

Dès que le roi fut rentré au château, l'assemblée reprit sa séance, et nomma une députation de soixante membres, chargée de se rendre sur-le-champ à Paris pour y ramener le calme, consolider la garde bourgeoise, et porter dans tous les quartiers l'heureuse assurance, donnée par le roi, du renvoi immédiat des troupes.

Cette nouvelle fut bientôt connue à l'hotel-de-ville, et les électeurs s'empressèrent d'envoyer plusieurs d'entre eux avec une garde d'honneur, audevant de la députation.

A trois heures après midi, les soixante membres de cette députation, présidée par Lafayette, arrivèrent à l'entrée du jardin des Tuileries. On criait partout sur leur passage: *Vive la nation ! vive le roi ! vivent les députés !* Tous les bras étaient tendus vers eux ; tous les yeux étaient remplis de larmes; des fleurs tombaient des fenêtres sur le cortége ; jamais spectacle plus majestueux n'avait étonné la capitale. Le patriotisme seul en faisait la pompe et l'ornément.

II.

La députation fut introduite à l'hôtel-
de-ville, Lafayette fit un discours dans
lequel il peignit le roi venant à l'assemblée,
sans faste et sans appareil ; il répéta les
paroles prononcées par ce prince , et fit le
tableau des transports de joie que ses pro-
messes avaient fait éclater.

Lally - Tollendal prit ensuite la parole :
« Messieurs, dit - il , ce sont vos concitoyens, vos amis, vos frères, vos représentans , qui viennent vous donner la paix.
On avait séduit votre bon roi ; on lui avait
fait redouter cette nation qu'il a l'honneur
et le bonheur de commander. Nous avons
été lui dévoiler la vérité ; son cœur a gémi ;
il est venu se jeter au milieu de nous ; il
s'est fié à nous, c'est-à-dire à vous ; il nous
a demandé des conseils , c'est - à - dire les
vôtres. Nous l'avons porté en triomphe et
il le méritait. Il nous a dit que les troupes
étrangères allaient se retirer, et nous avons
eu le plaisir inexprimable de les voir s'é-
loigner. Le peuple a fait entendre sa voix
pour combler le roi de bénédictions ; toutes les rues retentissaient de cris d'allé-

gresse. Désormais la paix doit régner parmi nous ; et je vous adresse, au nom de l'assemblée nationale, les paroles de confiance que le souverain a déposées dans le sein de cette assemblée : *Je me fie à vous ; c'est là notre vœu ;* il exprime tout ce que nous sentons. N'est-ce pas que vous ne voudriez pas déchirer tout ce que vous aimez, par des discordes sanglantes? N'est-ce pas qu'il n'y aura plus de proscriptions? La loi doit seule prononcer désormais : » Tous s'écrient : « Oui, la paix, plus de proscriptions ! »

Ce discours fini, un autre membre de l'assemblée nationale prit la parole, et annonça que le roi autorisait et confirmait l'établissement de la garde nationale, et qu'il accordait aux gardes françaises leur pardon. Aussitôt un des gardes françaises s'élance vers le bureau et s'écrie : « Nous ne voulons point de pardon; en servant la nation, nous avons cru servir le roi, et nous n'avons pas cessé d'être fidèles au monarque et à la patrie ! »

La séance paraissait terminée, et déjà

les députés de l'assemblée nationale se disposaient à sortir, lorsque toutes les voix se réunissant spontanément proclamèrent le marquis de Lafayette commandant général de la milice parisienne. Lafayette accepta cet honneur avec respect et reconnaissance ; puis tirant son épée il jura de sacrifier sa vie à la conservation de cette liberté si précieuse dont on lui daignait confier la défense. Au même instant Bailly fut proclamé prévôt des marchands. — *Non pas prévôt des marchands*, dit une voix ; *mais maire de Paris* ; et par une acclamation générale, tous les assistans répétèrent : « *Oui, maire de Paris !* »

Voici comment Bailly lui-même rend compte du trouble qu'il éprouva en ce moment. « Je ne sais pas si j'ai pleuré ; je ne sais pas ce que j'ai dit ; mais je me rappelle bien que je n'ai jamais été si étonné, si confondu, si au-dessous de moi-même. La surprise ajoutant à ma timidité naturelle, devant cette grande assemblée, je me levai, je balbutiai quelques mots qu'on n'entendit pas, que je n'entendis pas moi-

même, mais que mon trouble rendit ex-
pressifs. »

Tandis que cela se passait , l'assemblée
nationale ne restait pas inactive , et tra-
vaillait au renvoi des ministres. A son retour la députation dit, dans son rapport,
que , dans toutes les rues de Paris , comme
dans la salle de l'hôtel-de-ville, on demandait à grands cris l'éloignement des nouveaux ministres et le retour de M. Necker;
que les habitans de Paris enviaient le bonheur dont avait joui l'assemblée nationale,
et témoignaient le désir de voir leur monarque au milieu d'eux. » Mirabeau propose aussitôt une adresse au Roi à ce sujet;
elle est adoptée; mais, tandis qu'on s'occupe de sa rédaction , on annonce à l'assemblée que les ministres ont donné leur
démission.

Lally-Tollendal ramène alors l'attention de l'assemblée sur le rappel de Necker.
« Messieurs, s'écrie-t-il, nous l'avons vu,
nous l'avons entendu dans les rues, dans
les carrefours, sur les quais, sur les places; il n'y avait qu'un cri : *le rappel de*

M. Necker. Tout ce peuple nous priait de redemander M. Necker au Roi, et *les prières d'un peuple sont des ordres.* » La discussion s'engage aussitôt sur la nature de l'influence que peut et doit exercer le pouvoir législatif sur le choix et la nomination des ministres, et l'assemblée décrète qu'une députation ira demander au Roi le rappel de Necker.

Mais Louis XVI, instruit de ce qui se passait, n'attendit pas cette députation, et s'empressa d'envoyer dire à l'assemblée qu'il rappelait son ancien ministre; il remit même au président, chargé de lui en témoigner sa reconnaissance, une lettre écrite de sa propre main à Necker, pour l'inviter à se rendre à Versailles, et l'engagea à communiquer cette lettre à l'assemblée, et à la presser d'y en joindre une en son nom.

Deux des vœux formés par les Parisiens se trouvaient ainsi exaucés; le troisième ne devait pas tarder à l'être également.

Le 16 juillet, il y eut un comité chez le roi; on y discuta les questions les plus

importantes. Louis devait-il quitter Versailles, et partir avec les troupes dont il
venait d'ordonner la retraite, ou se rendre à Paris pour calmer les esprits. La
reine désirait le départ. Les débats furent
longs, le Roi les termina par ces paroles :

« Enfin, Messieurs, il faut se décider :
dois-je partir ou rester? Je suis prêt à
l'un comme à l'autre. » La majorité décida
que le roi irait à Paris, et ce voyage fut
fixé au lendemain.

Dans cette même soirée, plusieurs personnages de la cour partirent et se retirè-
rent hors de France.

Monsieur, comte de Provence, dont le
nom alors jouissait d'une certaine popu-
larité, ne voulut point abandonner le roi,
qui s'était déterminé à la résignation;
mais le comte d'Artois, dont la tête avait
été mise à prix pendant les derniers troubles, les princes de Condé et de Conti,
connus par leur attachement à l'ancien
ordre de choses, n'osèrent pas attendre
les événemens, et abandonnant leur pro-

pre cause, se déterminèrent à fuir le sol sacré de la patrie.

Cet exemple ne tarda pas à être suivi; l'émigration devint bientôt à la mode : les courtisans finirent par se persuader que le seul moyen de prouver leur dévouement au monarque, était de l'abandonner.

Le roi passa le reste de la nuit du 16 à disposer les préparatifs du voyage du lendemain. Ce voyage avait répandu la consternation dans le château. On prêtait aux Parisiens les intentions les plus sinistres. Les plus modérés les accusaient de vouloir sequestrer le roi, auquel, disait-on, ils ne permettraient plus de revenir à Versailles.

Les larmes, les prières n'avaient point été épargnées pour détourner le prince d'un voyage dont les suites paraissaient devoir être si funestes; mais rien n'avait ébranlé sa résolution. « J'ai promis d'aller à Paris, avait-il dit; mes intentions ont toujours été pures; mon peuple sait que je l'aime, je me confie à lui. » Il passa

une partie de la nuit à brûler les papiers qui auraient pu compromettre de trop dévoués serviteurs. Le matin, il entendit la messe, communia, remit à Monsieur un écrit secret qui lui conférait la régence en cas d'attentat à sa vie ou à sa liberté, dit adieu aux siens, et monta en voiture à neuf heures avec le maréchal de Beauvau, les ducs de Villeroy et de Villequier, le comte d'Estaing, et le marquis de Nesle. Le cortége était formé de la presque totalité des députés de l'assemblée nationale qui suivaient en costume et à pied le carrosse du roi, de quatre cents gardes-du-corps, qui marchaient en tête, et de la nouvelle milice bourgeoise de Versailles, formée à la hâte. Sur la route, une foule de paysans armés de fourches et de bâtons accourut des campagnes voisines pour se joindre à l'escorte. « Le départ du roi,
» dit madame Campan, causa dans le
» château une douleur égale aux alarmes
» auxquelles on était livré, malgré le cal-
» me qu'il fit paraître. La reine retint ses
» larmes, et s'enferma dans son cabinet

» avec toute sa famille; elle envoya cher-
» cher plusieurs personnes de sa cour; on
» trouva des cadenats à leurs portes : la
» terreur les avait éloignées. Le silence de
» la mort régnait dans tout le palais : les
» craintes étaient extrêmes; à peine espé-
» rait-on le retour du roi. La reine se fit
» préparer une robe, et fit ordonner à ses
» écuries de tenir ses attelages prêts; elle
» écrivit un discours de quelques lignes
» pour l'assemblée, voulant s'y rendre
» avec sa famille, si le roi était retenu
» prisonnier dans Paris. Elle apprenait ce
» discours par cœur; je me souviens qu'il
» commençait par ces mots : « Messieurs,
» je viens vous remettre l'épouse et la fa-
» mille de votre souverain; ne souffrez
» pas que l'on désunisse sur la terre ce qui
» a été uni dans le ciel. » En répétant ce
» discours, sa voix était coupée par ses
» larmes et par ces mots douloureux : *Ils*
» *ne le laisseront pas revenir !* »

A dix heures du matin, une députation
composée d'électeurs, d'échevins, et ayant
à sa tête le maire, le président, escortée

de trois cents gardes de la ville, se mit en marche. Deux électeurs portaient tour à tour un plat de vermeil, chargé de deux énormes clefs. « En marchant, dit Bailly, » dans ses mémoires, je fis quelques ques- » tions sur le cérémonial de ces clefs ; je » demandai ce que le roi en ferait lors que » je les lui aurais remises. *Il vous les ren-* » *dra. — Et moi ! — Vous les garderez. —* » *Croyez-vous que je porterai ces clefs* » *grosses et lourdes tout le long de la mar-* » *che ? je les jeterai au premier coin. —* » *Gardez-vous-en bien ; ces clefs sont pré-* » *cieuses ; ce sont celles qui ont été présen-* » *tées à Henri. IV* Cela me donna sur- » le-champ l'idée des premières lignes de « mon discours, que j'y ajoutai à la hâte » et au crayon. »

La députation attendit long-temps à la barrière de la conférence ; ce ne fut que vers trois heures que l'on vit arriver la voiture du roi et son escorte. Le maire s'étant avancé, présenta les clefs au roi et lui dit : « Sire, j'apporte à votre majesté les clefs de votre bonne ville de Paris : ce sont les mêmes qui ont été présentées à Henri IV. Il avait reconquis son peuple; ici le peuple a reconquis son roi. »

« Votre majesté vient jouir de la paix qu'elle a rétablie dans la capitale; elle vient jouir de l'amour de ses fidèles sujets. C'est pour leur bonheur que votre majesté a rassemblé près d'elle les représentans de la nation, et qu'elle va s'occuper avec eux de poser les bases de la liberté, et de la prospérité publique. Quel jour mémorable que celui où votre majesté est venue siéger en père au milieu de cette famille réunie! où elle a été reconduite à son palais par l'assemblée nationale entière! gardée par les représentans de la nation, pressée par un peuple immense, elle portait dans ses traits augustes l'expression de la senbilité et du bonheur, tandis qu'autour d'elle on n'entendait que des acclamations de joie, on ne voyait que des larmes d'attendrissement et d'amour. Sire, ni votre peuple ni votre majesté n'oublieront jamais ce grand jour; c'est le plus beau de la monarchie; c'est l'époque d'une alliance éternelle entre le monarque et le peuple. Ce trait est unique dans l'histoire; il immortalise votre majesté. J'ai vu ce beau jour, et comme si tous les bonheurs étaient faits pour moi, la première fonction de la place où m'a conduit le vœu de mes concitoyens, est de vous porter l'expression de leur respect et de leur amour. »

Le roi répondit qu'il recevait avec plaisir les hommages de la ville de Paris et ceux des électeurs.

Le cortége défila lentement devant cent cinquante mille hommes de garde nationale, formés en double haie sur trois et quelquefois sur quatre de front, depuis Passy jusqu'à l'Hôtel-de-Ville, et armés de fusils, d'épées, de piques, de lances et de bâtons. On voyait au milieu de cette multitude des femmes, des moines, des capucins même le fusil sur l'épaule.

Pendant que la voiture du roi traversait la place Lous XV, plusieurs coups de fusil furent tirés sur cette voiture, et plusieurs personnes qui l'environnaient furent blessées. Une dame nommée Saint-Mesme reçut une balle dans la potrine, et mourut quelques heures après; une autre balle perça le chapeau du marquis de Corbière, à cheval près de la voiture du roi.

Au Pont-Neuf, le roi trouva une nombreuse artillerie sur son passage; mais, à l'embouchure et à la lumière de chaque canon, avaient été placés des bouquets magnifiques; une inscription portait: *Votre présence nous a désarmés; à votre vue, les fleurs naissent sur les foudres meurtrières dont vos ennemis et les nôtres nous avaient forcés de nous armer.*

Arrivé au perron de l'hôtel-de-ville, le roi descendit de voiture.

Aussitôt Bailly s'approcha de lui, et lui présenta la cocarde aux trois couleurs : « Sire, dit-il, j'ai l'honneur d'offrir à Votre Majesté le signe distinctif des Français. » Le Roi hésitait : « Prenez, Sire, ajouta-t-il. » Louis la prit alors de bonne grâce et l'attacha à son chapeau.

La foule se pressait autour de lui; le prince de Beauveau et quelques autres personnes faisaient de vains efforts pour l'écarter; le Roi dit : « Laissez-les faire, ils m'aiment bien. »

A son entrée dans la salle, il fut accueilli par des applaudissemens ; mais quand il fut placé sur son trône, et quand on eut aperçu à son chapeau le signe du patriotisme, l'ivresse fut spontanée et universelle. Le cri de *vive le Roi !* se fit entendre, et succéda à celui de *vive la nation !*

Moreau-de-Saint-Méry, président des électeurs, prononça un discours qui fut souvent interrompu par des applaudissemens. Éthis-de-Corni, procureur du Roi, proposa ensuite, pour éterniser ce jour mémorable, d'ériger, sur l'emplacement de la Bastille démolie, une statue à Louis XVI, *régénérateur de la liberté publique, restaurateur de la prospérité nationale, père du peuple français ;* et sur-le-champ l'érection de cette statue fut votée par acclamations.

« Eh bien ! citoyens, s'écria Lally-Tollendal, êtes-vous satisfaits ? Le voilà ce Roi que vous demandiez à grands cris ; jouissez de sa présence et de ses bienfaits.

Demeurons les défenseurs fidèles de son autorité légitime ; conjurons-le de la garder de toute sa force tutélaire, et jurons de la défendre. » — « Nous le jurons ! s'écria-t-on de tous les points de la salle. »

Après quelques instans, le Roi dit aux personnes qui l'entouraient : « Messieurs, je suis très satisfait ; j'approuve l'établissement de la garde bourgeoise ; mais la meilleure manière de me prouver votre attachement, est de rétablir la tranquillité, et de remettre entre les mains de la justice ordinaire les malfaiteurs qui seront arrêtés. Monsieur Bailly, instruisez l'assemblée de mes intentions. Je suis bien aise que vous soyez maire, et que M. de La Fayette soit commandant général. »

Pour satisfaire le désir du peuple, Louis XVI se mit ensuite à une fenêtre de l'hôtel-de-ville, et des cris de joie éclatèrent de toutes parts lorsqu'on vit son chapeau de prince décoré de la cocarde nationale. Ce fut au milieu des témoignages de satisfaction que le Roi se retira. On remarqua que les chevaux, les panneaux et jus-

qu'à l'impériale de sa voiture étaient dé-
corés de cocardes nationales.

Ce voyage du roi ramena dans Versailles
et dans Paris le calme après lequel soupi-
raient tous les gens de bien, mais ce calme
trompeur ne devait être que de courte
durée, et l'explosion comprimée quelques
instans n'en devait être que plus terrible.

————

CHAPITRE II.

SOMMAIRE : Emeutes.—Supplice de Foulon et Berthier.

15 au 22 Juillet.

La Bastille en tombant ébranla le sol de la France : la commotion se ressentit au loin ; l'agitation du peuple de Paris se communiqua promptement aux provinces. La cherté des grains augmentait encore le désordre, et des émeutes eurent lieu presque simultanément dans les principales villes du royaume. A Metz le peuple arrête un convoi de grains qui traversait la ville, et s'en rend maître malgré la troupe qui l'escorte ; à Lyon, le bureau des fermes, et quelques riches maisons particulières sont pillés ; les troupes qu'on envoie pour s'opposer au désordre, sont battues, désarmées, et un grand nombre de militaires sont jetés dans le Rhône. L'insurrection fit surtout de rapides progrès en Normandie; partout les autorités furent changées et le peuple s'arma.

Paris n'était pas plus tranquille; un sentiment vague d'inquiétude continuait de l'agiter; une frayeur secrète avait de nouveau saisi les esprits; le peuple enfin était dans un état violent de fermentation.

Dans la soirée du 17 juillet, un orateur, nommé *Duhamel*, monté sur une table au milieu du jardin du Palais-Royal, avait cherché à exciter dans l'âme de ses auditeurs des soupçons contre les électeurs eux mêmes, qu'il avait accusés hautement de conspirer avec les *aristocrates*, il avait exhorté publiquement la foule qui l'entourait à marcher contre l'hôtel-de-ville. L'alarme s'était répandue dans le quartier; les marchands du Palais-Royal et des environs, effrayés, se disposaient à fermer leurs boutiques.

Des bruits exagérés et ridicules se répandaient de tous côtés. On disait que la promesse du Roi d'éloigner les troupes, ne s'effectuait pas ; que deux nouveaux régimens arrivés la nuit même à Saint-Denis, avaient arrêté les convois de farine destinés à l'approvisionnement de Paris; que les habits des gardes-françaises venaient d'être secrètement enlevés des magasins ; que douze cents hussards de Nassau s'étaient introduits dans la ville avec le dessein de la surprendre; qu'on emmagasinait des farines pour le camp de Saint-Denis; que les soldats arrachaient aux passans la cocarde nationale, et en bourraient leurs fusils ; qu'enfin l'on avait aperçu le prince de Vaudremont méditant un plan d'attaque.

Tous ces bruits augmentaient l'inquiétude du peuple ; le silence de la cour lui semblait d'ailleurs propre à justifier ses alarmes.

Le 20 juillet, l'hôtel des Invalides fut de nouveau investi par une multitude furieuse qui prétendait que cet hôtel recélait encore des armes; mais des forces suffisantes, qui y furent aussitôt envoyées, parvinrent à dissiper cet attroupement.

Le 21, dans la soirée, on vint annoncer aux électeurs qu'un rassemblement de plus de vingt mille personnes assiégeait l'abbaye de Montmarte sous prétexte que ce monastère contenait des armes et des munitions, et que cette troupe furieuse menaçait de dévaster l'abbaye, et de faire justice de la supérieure, suspecte de trahison et de complot contre la liberté.

Cette abbesse (madame de Montmorency-Laval), fit aussitôt remettre au curé de Saint-Eustache un billet que cet ecclésiastique transmit aux électeurs. Ceux-ci députèrent M. Deleutre qui, déjà, à l'hôtel des Invalides, était parvenu à dissiper la multitude. Il arrive dans la rue des Martyrs, et la trouve remplie d'une foule de gens dont l'aspect et le maintien n'annonçaient que le désir du pillage et de la destruction. Aussitôt il invite le peuple, rassemblé devant la porte, à désigner deux personnes pour assister à cette visite. Le peuple fait son choix, et M. Deleutre, accompagné des deux délégués, parcourt pendant six heures toutes les salles du monastère, les cellules, les caves et les greniers. Cette recherche minutieuse ne produisit aucun résultat, et l'on parvint à calmer les inquiétudes de cette multitude qui se dissipa.

Une nouvelle émeute devait, à quelques jours de là, avoir un dénouement plus tragique.

Foulon, conseiller d'état, avait rempli les fonctions d'intendant de l'armée pendant la guerre de 1756, sa fortune s'était accrue considérablement dans le monopole des blés et dans l'entreprise des fourrages et des vivres. La source de sa richesse l'avait rendu odieux au peuple, et son adjonction, en qualité de directeur du département de la guerre, au ministère éphémère qui avait succédé à celui de Necker, avait encore accru cette haine; c'était d'ailleurs un homme d'un caractère dur et hautain, n'aimant que l'argent, et disposé à tout sacrifier à cette passion. On l'avait quelquefois entendu dire : « Un royaume bien administré est celui où le peuple broute l'herbe des champs. Si jamais je suis ministre, je ferai manger du foin aux Français. »

Depuis long-temps la haine populaire le désignait comme un des accapareurs, cause de la disette. Commençant à redouter l'effet d'une haine, peut-être injuste, il avait disparu ; il se proposait de sortir royaume, et avait eu, pour y parvenir, recours à un stratagème.

Un de ses domestiques étant venu à mourir, il s'était imaginé de faire croire que c'était lui-même ; en conséquence, il avait fait répandre partout le bruit de sa mort, et, pour l'accréditer, il avait fait faire à son domestique des funérailles pompeuses, les autres domestiques et sa famille avaient pris le deuil pour lui. Réfugié à Viry, terre située près de Paris et appartenant à M. de Sartines, son ami, il espérait échapper aux recherches dont il était l'objet. Mais les précautions qu'il prit pour se cacher, en le rendant suspect, firent découvrir sa retraite. Les paysans d'une de ses terres située près de Viry, et dont sa dureté lui avait depuis long-temps aliéné l'esprit, ne tardèrent pas à être informés du lieu de son séjour. Excités par un nommé *Rappe*, à la fois syndic du village et huissier à Paris, ils allèrent le dénoncer aux Parisiens, et leur demander un renfort pour l'arrêter et le conduire dans la capitale.

Le 22 juillet, à quatre heures du matin, Foulon, déjà levé, se promenait seul dans le parc; il est tout à coup assailli par un grand nombre d'individus qui l'arrêtent et se disposent à le conduire à Paris. Foulon, obligé de faire la route à pied, est accablé de mauvais traitemens; on lui met une couronne d'orties sur la tête, on lui attache derrière le dos un bouquet de chardons et une botte de foin, par allusion au propos qu'on lui attribuait. Ce fut dans cet état qu'il arriva à Paris. On le conduisit d'abord chez M. Aclocque, président du district de St.-Marcel, et de là à l'hôtel-de-ville.

L'assemblée des électeurs ne savait quel parti prendre, et l'on discuta long-temps avant de rien statuer à l'égard de Foulon.

Enfin , cette assemblée prit l'arrêté suivant :

« Toutes les personnes soupçonnées de
crimes de lèse-nation , accusées et saisies à
la clameur publique , ou qui pourront l'être
par la suite , seront conduites et renfer-
mées dans les prisons de l'abbaye Saint-
Germain, et MM. Carré et Duport du
Tertre , électeurs, seront chargés de porter le présent arrêté à l'assemblé nationale , pour être par elle prononcé sur la
nature ou l'espèce de tribunal qu'elle vou-
dra bien constituer pour juger les personnes déjà arrêtées , ou qui pourront
l'être.

« Les scellés seront apposés sur leurs
papiers , et ceux saisis sur elles seront dé-
posés au greffe de la ville.

« Arrête en outre qu'il sera mis sur la
prison de l'abbaye Saint-Germain une inscription portant ces mots : *Prisonniers mis
sous la main de la nation ;* que M. le commandant de la garde nationale parisienne
donnera les ordres nécessaires pour la
conservation des prisonniers , et que le

présent arrêté sera lu, publié et affiché partout où besoin sera. »

Afin d'éviter les dangers de l'effervescence du peuple qui couvrait la place, on décida que l'on attendrait la nuit pour conduire Foulon en prison.

Cette décision, inspirée par le désir de sauver la vie à ce malheureux, ne fit au contraire que rendre sa perte plus certaine.

Bientôt le peuple, rassemblé sur la place de Grève, demande à grands cris que Foulon lui soit livré; vainement Bailly descend-t-il au milieu de la place pour engager la multitude à se retirer, en assurant que justice serait faite, que le prisonnier était en sûreté et qu'il serait jugé; plusieurs voix s'écrient qu'il l'était déjà et qu'il faut le pendre. En vain Bailly expose qu'en principe, nul ne peut être reconnu coupable avant que son délit n'ait été constaté, avant qu'il ait été convaincu, par une information et une procédure régulières, de l'avoir commis, et que toutes ces formalités, précieuses pour la sûreté et la défense de l'innocent, devaient être remplies pour donner à la société le droit de disposer de la vie d'un citoyen; mais que ni eux, ni lui, premier magistrat de la ville, ne pouvaient se le permettre sans se rendre criminels, sans devenir bourreaux. *Pendu ! pendu !* s'écrie-t-on de toutes parts.

L'assemblée décide alors que les électeurs, en plus grand nombre, se répandront sur la place, et s'efforceront de faire sentir au peuple la nécessité de juger Foulon avant de le punir.

De la grande salle dans laquelle il était, sous la garde d'une sentinelle, le malheureux entendait les cris de mort que poussait cette populace, et n'en paraissait pas ému; un des assistans, touché de compassion et frappé de cette sécurité, lui dit : « Vous êtes calme, Monsieur; sans doute vous êtes innocent ? — Le crime seul, répond Foulon, peut se déconcerter. » Mais bientôt les cris redoublent, le prisonnier n'est plus en sûreté dans cette salle, et on le fait passer dans celle à côté, dite la *salle de la Reine.*

En ce moment le bruit se répand parmi le peuple que les électeurs veulent faire évader Foulon, et que déjà même il est en liberté; il n'en fallait pas davantage pour porter l'exaspération à son comble : de toutes parts on demande à voir Foulon; on veut s'assurer qu'il est encore prisonnier; on menace de mettre le feu à l'Hôtel-de-Ville et d'immoler les électeurs eux-mêmes, s'ils tardent à le montrer. Ils cherchent donc la malheureuse victime, pour satisfaire cette populace effrénée; mais, en entrant dans la salle où elle avait été déposée, on ne l'aperçoit plus. Aussitôt un sentiment d'effroi saisit tous les électeurs; l'évasion pouvait être réelle, et, dans l'état d'irritation où étaient les esprits, le peuple, furieux de voir échapper sa proie, les aurait infailliblement rendus responsables d'un événement qu'il aurait regardé comme une trahison. Une recherche plus exacte fit enfin découvrir le prisonnier, qui était caché derrière une tapisserie où il était parvenu à se glisser en trompant la surveillance des soldats commis à sa garde. On le conduit sur-le-champ à une des fenêtres de la salle de l'Hôtel-de-Ville.

Le calme parut alors se retablir ; mais à peine un quart d'heure s'est-il écoulé que, tout à coup, les gardes sont renversés, les barrières brisées, et la multitude pénètre comme un torrent dans l'intérieur de l'Hôtel-de-Ville, en demandant à grands cris qu'on lui livre Foulon.

Moreau de Saint-Méry, présidait : il obtient avec peine un moment de silence ; un électeur en profite pour exposer la nécessité d'un jugement avant toute exécution : « Tout individu, dit-il, quelque coupable qu'il soit, ne doit être jugé que par la justice et puni par elle ; je ne crois pas que, parmi les citoyens qui m'environnent, il se trouve un seul bourreau. — Eh bien ! s'écrie-t-on de toutes parts, *jugé tout de suite et pendu !*

Le même électeur dit alors que, si on ne voulait pas des juges ordinaires, il fallait en nommer d'autres ; la multitude y consent, et défère cette nomination aux électeurs ; mais, sur l'observation faite par ceux-ci qu'ils n'ont pas le droit de créer des juges, et que, dans un cas urgent, il n'y a que le peuple qui puisse en nommer ; la multitude désigne le curé de Saint-Étienne-du-Mont, le curé de Saint-André-de-Arcs, MM. Varengue, maître de pension, Quatremère et Vergne, échevins, Picard, juge auditeur, et Magimel, ancien échevin ; MM. du Veyrier et Osselin sont nommés, le premier procureur du Roi, et le second greffier.

Il était évident que le comité cherchait, par tous les moyens, à gagner du temps. M. du Veyrier, en sa qualité de procureur du Roi, demande de quel crime il doit accuser Foulon ; « d'avoir voulu vexer le peuple, lui crie-t-on, d'avoir dit *qu'il lui ferait manger de l'herbe*, d'avoir conseillé la banqueroute de l'état, enfin, d'avoir accaparé les blés. »

L'impatience se manifestait d'une manière épouvantable ; le tumulte était devenu excessif. Des bras nus s'élevaient et faisaient le signe de couper une tête ;

les plus animés se précipitaient vers le bureau, et portaient le poing sous le nez des électeurs en criant : « Vous nous amusez, et le prisonnier s'échappe, nous voulons le voir. » En même-temps la foule se pressait vers la salle de la Reine, et se disposait à en briser les portes.

On fut contraint, pour apaiser ce mouvement de rage, de proposer que quatre personnes de la multitude fussent commises à la garde de Foulon, en prêtant serment qu'il ne lui serait fait aucun mal. Tous voulaient cet emploi. On choisit les plus voisins, qui prêtèrent serment et furent introduits dans la salle où Foulon était gardé.

La multitude devint alors plus calme, et nomma à la place des deux curés qui s'étaient récusés, Bailly et La Fayette, et ces deux citoyens étant absens, on les remplaça par Moreau de Saint-Méry, et Duport du Tertre.

Le temps s'écoulait cependant, et chaque heure gagnée éloignait la mort de la tête du malheureux Foulon. Le peuple s'en indigne ; ses cris recommencent plus furieux ; il veut qu'on amène le prisonnier, il exige qu'il soit jugé sur-le-champ en présence de l'assemblée. Le malheureux Foulon est introduit : on le fait asseoir sur une petite chaise devant le bureau du président.

Cependant La Fayette, instruit de ce qui se passait, se rendait en toute hâte à l'hôtel-de-ville. Il arriva au milieu de l'assemblée presque en même temps que Foulon. « Je suis connu de vous, dit-il en s'adressant à la multitude ; vous m'avez nommé pour votre général ; et ce choix, qui m'honore, m'impose le devoir de vous parler avec la liberté et la franchise qui font la base de mon caractère. Vous voulez faire périr sans jugement cet homme qui est devant vous : c'est une injustice qui vous déshonorerait, qui me flétrirait moi-même, qui flétrirait tous les efforts que j'ai faits en faveur de la liberté, si j'étais assez faible pour la permettre. Je ne la permettrai pas cette injustice ; mais je suis bien loin de prétendre le sauver s'il est coupable ; je veux seulement que l'arrêt de l'assemblée soit exécuté, et que cet homme soit conduit en prison pour être jugé par le tribunal que la nation indiquera. Je veux que la loi soit respectée, la loi sans laquelle il n'est point de liberté, la loi sans laquelle je n'aurais pas contribué à la révolution du nouveau monde, et sans laquelle je ne contribuerai pas à la révolution qui se prépare. Ce que je dis, en faveur des formes et de la loi, ne doit pas être interprété en faveur de M. Foulon. Je ne suis point suspect à son égard; et peut-être la manière dont je me suis exprimé sur son compte dans plusieurs occasions, suffirait seule pour m'interdire le droit de le juger; mais plus il est présumé coupable, plus il est important que les formes s'observent à son égard, soit pour rendre sa punition plus éclatante, soit pour l'interroger légalement. » Saisissant alors habilement le seul moyen qui restât, dans ce moment horrible, de sauver le malheureux vieillard : « Citoyens, ajoute-t-il, je le ré-

II.   4

pète, je ne puis blâmer votre colère et votre indignation contre cet homme. Je ne l'ai jamais estimé ; je l'ai toujours regardé comme un grand scélérat ; vous voulez qu'il soit puni, et il le sera ; mais il a des complices, et il faut que nous les connaissions. Je vais le faire conduire à l'abbaye Saint-Germain ; là, nous instruirons son procès, et il sera condamné suivant les lois à la mort infâme qu'il n'a que trop méritée. »

Ces paroles avaient ramené un peu de calme, Foulon voulut en profiter pour parler ; mais de nouveaux cris couvrent sa voix, et l'on ne distingue que ces mots : *Assemblée respectable !... peuple juste et généreux !... au surplus, je suis au milieu de mes concitoyens, je ne crains rien !...* et ces paroles suppliantes, inspirées par le trouble et la frayeur, ne font qu'accroître l'irritation.

De violentes clameurs se faisaient entendre en même temps sur la place et dans l'hôtel-de-ville. Un des assistans s'adressant au bureau, s'écria : « Qu'est-il besoin de jugement par un homme jugé depuis trente ans ? »

A ces mots, les escaliers, et tous les passages de l'hôtel-de-ville retentirent de cris épouvantables ; une foule nouvelle vint presser la foule qui remplissait déjà la grande salle. Tous se précipitèrent vers le bureau et vers la table qui soutenait la chaise sur laquelle Foulon était assis, et déjà cette chaise était renversée lorsque le marquis de La Fayette, pour dernier moyen de salut, s'écria : « Qu'on le conduise en prison. »

Le peuple s'empare alors du prisonnier et l'entraîne sous la lanterne. On lui ordonne de se mettre à genoux et de demander pardon à Dieu, à la nation, au roi ; il obéit. Un des bourreaux lui donne sa main à baiser ; il s'y prête sans résistance. Il se soumet à tout, demande grâce à la multitude, qu'il supplie de l'enfermer en lui laissant la vie ; mais il ne peut obtenir grâce ; on l'accable de mauvais traitemens, et on lui passe la corde fatale autour du cou ; on le suspend; la corde casse; il tombe sur ses genoux, et implore la pitié du peuple. La corde est aussitôt rattachée; on le suspend de nouveau; elle casse une seconde fois. Alors quelques-uns des spectateurs, poussés peut-être par un sentiment d'humanité, lèvent leurs sabres pour abréger son supplice; mais la rage frénétique de ses bourreaux n'est pas assouvie; on arrête leurs bras et on prolonge cette agonie pendant tout le temps nécessaire pour aller chercher une corde neuve; elle arrive enfin, et termine les affreuses angoises et les longues souffrances de ce malheureux. A peine expiré, on le descend, on lui coupe la tête, une poignée de foin est placée dans la bouche; cet horrible trophée, porté au bout d'une pique, est promené en triomphe; tandis que le corps, nu, mutilé, et couvert des empreintes de la plus affreuse barbarie, est traîné dans la fange.

Une vengeance aveugle, une fureur inexprimable avaient animé le peuple durant cette longue émeute; la mort de celui qu'il regardait comme la cause de sa misère l'apaisa. On avait voulu son sang, on méprisait son or, et quelques ouvriers qui avaient fait partie du rassemblement, s'empressèrent, aussitôt qu'il eut rendu le dernier soupir, de rapporter à l'hôtel-de-ville, sur le bureau du président, les boucles, la montre, et la bourse qui avaient été trouvées sur le supplicié.

A peine cette épouvantable exécution était-elle terminée que Berthier, gendre de Foulon intendant de Paris, arriva à l'hôtel-de-ville, escorté d'une foule innombrable.

Il avait été arrêté à Compiègne le 20 juillet; et le jour même, deux officiers municipaux de cette ville s'étaient rendus à Paris, porteurs de la lettre suivante pour le comité des électeurs : « Messieurs, les habitans de Compiègne ayant été informés que M. Berthier de Sauvigny, intendant de Paris, était ici, l'ont arrêté, sur le bruit que la capitale le faisait chercher. En conséquence, Messieurs, les citoyens vous dépêchent la présente, et vous prient de les éclairer sur la conduite qu'ils ont à tenir.

Signé : les officiers municipaux et citoyens de Compiègne. »

Immédiatement après la lecture de cette lettre, le comité des électeurs avait pris un arrêté portant que « la ville de Paris, ne faisant pas chercher M. Berthier de Sauvigny, et cet ancien intendant n'étant ni accusé, ni détenu par justice, il serait répondu aux habitans de Compiègne qu'il n'existait aucune raison de le retenir prisonnier. » Mais, « considérant que le peuple de Compiègne étant extrêmement animé contre M. Berthier, il est impossible de répondre de sa vie, et qu'il n'existe qu'un moyen de la lui conserver, celui de le faire conduire dans les prisons de Paris, » on ordonne que deux électeurs, MM. de la Rivière et de la Presle, accompagnés d'une garde à cheval de deux cent quarante hommes iront le chercher pour mettre sa personne en sûreté.

Malheureusement Berthier, était parti de Compiègne, avec l'escorte qui l'amenait à Paris, le jour même où son beau-père avait été arraché de sa retraite de Viry ; pendant toute la route, il n'avait recueilli, comme lui, que des outrages et des imprécations publiques. A Louvres, sa vie avait été en danger ; et, sans le dévouement de M. de la Rivière, qui, placé à côté de lui dans son cabriolet, lui avait fait un rempart de son corps, il eût été massacré par une troupe de furieux.

En arrivant à la Villette, il trouva une charrette préparée pour le recevoir ; elle portait, sur des écriteaux attachés à de longues perches, les inscriptions suivantes : *Il a volé le roi et la France.* — *Il a dévoré la subsistance des peuples.* — *Il a été l'esclave des riches et le tyran des pauvres.* — *Il a bu le sang de la veuve et de l'orphelin.* — *Il a trompé le roi.* — *Il a trahi sa patrie.....* On avait d'abord voulu faire monter le prisonnier sur cette charrette ; mais on s'était contenté, après avoir enlevé la partie supérieure de son cabriolet, pour qu'il fût mieux exposé à tous les regards, de prendre, pour porter autour de lui, ces fatales inscriptions, destinées à enflammer la fureur du peuple.

L'assemblée prévoyant un nouveau malheur, envoya un courier au devant de l'escorte, avec ordre au commissaire de conduire directement son prisonnier à la prison de l'abbaye; mais le courrier chargé de remettre cet ordre, fut arrêté par la foule et ne put parvenir jusqu'au commissaire.

Arrivé dans la rue St.-Martin, le cortége est forcé de s'arrêter; des gens du peuple pénètrent jusqu'à Berthier et lui présentent au bout d'une pique une tête sanglante: c'était celle de son beau-père. On l'approche de sa bouche..... on veut la lui faire baiser..... Berthier frémit d'horreur et détourne les yeux. Jusque-là il avait conservé son sang-froid, mais il ne peut supporter un spectacle aussi déchirant; tous ses sens sont aussitôt bouleversés; un délire frénétique s'empare de lui, et ses lèvres sont agitées par un rire convulsif.

Ce ne fut qu'à neuf heures du soir que le prisonnier arriva à l'hôtel-de-ville, où l'on avait pris des précautions pour résister à la violence. Par ordre de La Fayette, la cour et les escaliers étaient garnis de gardes françaises et de citoyens armés.

Les électeurs étaient encore en séance, ils ordonnèrent que Berthier fût amené devant eux: le président Bailly l'interrogea immédiatement. J'ai obéi à des ordres supérieurs, répond-t-il avec assurance; vous avez mes papiers et ma correspondance, vous êtes aussi instruits que moi. » On insiste: « Je suis très-fatigué, ajoute-il; depuis deux jours je n'ai pas fermé l'œil; faites-moi donner un lieu où je puisse prendre quelque repos. »

A peine avait-il fait cette demande, que des cris tumultueux se font entendre; on distingue ces mots: «Finissez-en, finisez-en donc! Les portes de l'hôtel-de-ville sont enfoncées, en même temps, la garde est forcée, et le peuple inondant de nouveau la salle des séances, porte le prisonnier jusque sur le bureau du président.

Le danger était pressant; il fallait prendre un parti. Bailly, après avoir consulté le comité, ordonne que le prisonnier sera conduit à l'Abbaye, et il déclare que la garde en répond à la nation et à la ville de Paris.

Berthier, au milieu de cette garde traverse la salle sans résistance; mais à peine il a passé le seuil de l'hôtel-de-ville, que la garde est dispersée; mille bras le saisissent et le transportent sous l'affreux réverbère. Une corde neuve l'attendait. A cette vue, sa fureur s'allume; les yeux étincelans, « Scélérats, s'écrie-t-il, je saurai bien me procurer un autre genre de mort.» Aussitôt il arrache un sabre des mains des assassins, fond sur la foule qui l'entoure, et tombe percé de cent coups de baïonnettes.

Il respirait encore : un misérable furieux plonge sa main au fond de ses entrailles palpitantes, lui arrache le cœur, monte à l'hôtel-de-ville, entre dans la chambre du comité, et, les yeux égarés, les mains fumantes, présente cette affreuse offrande aux électeurs, qui, muets d'épouvante, demeurent interdits de ce prodige de barbarie.

Ce spectacle répandit un sentiment d'horreur dans l'assemblée. Quelques électeurs firent signe à cet homme de sortir, et il se retira, accompagné de la multitude qui poussait des cris de joie. La tête fut aussi séparée du tronc, et ces horribles trophées furent promenés dans les rues de Paris.

Telles sont les atrocités qui souillèrent cette journée pendant laquelle le peuple fut, sans le savoir, l'instrument aveugle de la vengeance des ennemis particuliers de Foulon et de Berthier. Les électeurs remarquèrent, des fenêtres de l'hôtel-de-ville, plusieurs personnes répandues dans la place, qui paraissaient être l'âme des différens groupes, et diriger leurs mouvemens. Il est à présumer que des personnages plus coupables que ces victimes, et

intéressés à leur silence, excitèrent la multitude à leur donner la mort, pour prévenir les informations et les éclaircissemens
qu'on aurait pu tirer de leurs dépositions;
Cette version est d'autant plus probable
que madame Campan dit dans ses mémoires: « La Reine fut toujours persuadée
qu'une indiscrétion avait occasionné cet
horrible attentat. «Que de choses dans ce
peu de mots !....

CHAPITRE. III.

SOMMAIRE : Retour de Necker.—Abolition des priviléges.

23 Juillet. — 4 Août.

L'ASSEMBLÉE nationale, effrayée des scènes d'horreur dont Paris avait été le théâtre, s'occupa, dès le lendemain, 23 juillet d'arrêter le cours de ces épouvantables désordres. Cette séance fut longue et orageuse. Telle était l'exaltation des esprits que plusieurs membres de l'assemblée firent en quelque sorte l'apologie des crimes commis la veille ; mais d'autres , et ce fut le plus grand nombre, s'élevèrent avec énergie contre les auteurs de ces effroyables excès : « Sans doute, s'écria le député Gouy d'Arcy , les premiers coups frappés par le peuple , sont dus à l'effervescence qu'inspire nécessairement l'anéantissement du despotisme et la naissance de la liberté; mais des scènes sanglantes et révoltantes viennent de se renouveler dans la capitale; et dans quel temps ! lorsque le roi et l'assemblée nationale la croyaient dans le plus grand calme, lorsqu'on avait droit de l'attendre, lorsque, pour l'obtenir, ce calme précieux, Sa Majesté est venue au milieu des représentans de la nation leur demander de l'aider à sauver l'état ; qu'il s'en rapportait à leurs lumières, qu'il se fiait à eux ; lorsqu'il a écarté de sa personne les ministres suspects, et rappelé ceux que la nation voyait avec plaisir autour du souverain; rien ne peut justifier la fureur où l'on vient de se porter contre deux individus ; ils étaient coupables peut-être , mais il fallait les juger légalement.

« Je frissonne lorsque j'envisage les suites funestes de ces excès atroces, et je vote pour qu'on prenne sur-le-champ les moyens les plus efficaces et les plus prompts pour arrêter ces désordres. »

Le discours de Lally-Tolendal fut dans le même sens: « Un jeune homme éploré dit-il , s'est présenté hier matin chez moi ; il s'est précipité à mes pieds , en embrassant mes genoux : « O vous ! » Monsieur, m'a-t-il dit, qui avez passé » votre vie à pleurer un père et à rétablir » sa mémoire, par ce nom sacré, inter- » cédez pour moi auprès de l'assemblée » nationale, rendez-moi le mien , sauvez- » le de la mort qui l'attend ! » Cet infor- tuné jeune homme était le fils de M. Ber- thier. Hélas ! je n'ai pu appuyer ses tou- chantes prières , parce que l'assemblée ne s'est pas formée , et le soir le père de ce malheureux a été exécuté de la manière la plus affreuse ! »

Mirabeau s'étant ensuite prononcé con- tre les moyens proposés qu'il regardait comme inutiles , et capables de compro- mettre la dignité de l'assemblée , Lally- Tollendal remonta précipitamment à la tribune , et regardant fixement Mirabeau, il s'écria : « On peut avoir beaucoup d'es- prit , de grandes idées , et être un tyran ; Tibère pensait et pensait profondément ; Louis XI sentait et sentait vivement. »

Barnave combattit aussi la proposition, et ce fut dans cette séance, qu'entraîné par la chaleur d'une improvisation, il prononça ces paroles devenues célèbres : *Le sang qui a coulé était-il donc si pur ?*

« Pauvre peuple ! dit à son tour Robespierre, peuple vertueux, voudrait-on te punir d'avoir souffert si long-temps et de t'être vengé un seul jour ! »

Il était une heure du matin lorsque cette discussion se termina par l'adoption d'un projet de proclamation, contenant une invitation à la paix, suivie d'une déclaration, portant que tous les coupables de lèse-nation, ne doivent être accusés, convaincus et punis que dans les formes légales. Remède bien médiocre pour un si grand mal.

Le même jour La Fayette envoya sa démission à Bailly : « Le peuple, lui écrivait-il, n'a pas écouté mes avis, et le jour où il manque à la confiance qu'il m'avait promise, je dois, comme je l'ai dit d'avance, quitter un poste où je ne peux plus être utile. » Cette résolution jeta l'alarme et la consternation parmi les électeurs, tous conjurèrent le général, au nom du salut public de rester au poste qu'il occupait ; la garde citoyenne se joignit aux électeurs, et promit une obéissance aveugle aux ordres de son commandant général. La Fayette profondément touché de ces preuves de confiance, se rendit à ces vœux unanimes, et dit qu'il sacrifierait sa vie entière au service de la commune.

Cependant Necker, en quittant Paris, s'était rendu à Bruxelles, et de là à Bâle. Il était dans cette ville, lorsqu'il reçut du roi la lettre suivante :

« Je vous avais écrit, Monsieur, que dans un temps plus calme, je vous donnerais des preuves de mes sentimens ; mais cependant le désir que les états généraux et la ville de Paris témoignent, m'engage à hâter le moment de votre retour. Je vous invite donc à venir le plutôt possible, reprendre auprès de moi votre place. Vous m'avez parlé, en me quittant, de votre attachement ; la preuve que je demande

II.   5

est la plus grande que vous puissiez me donner. »

Necker était triomphant, et ce fut vainement que ses amis tentèrent de le retenir. « Il vaut mieux, leur dit-il, s'exposer aux périls qu'aux remords. » Il partit ; et son retour produisit à Paris et à Versailles la plus heureuse sensation. Le roi cependant, malgré la lettre pressante que nous avons rapportée, le reçut plutôt comme un maître que les circonstances lui imposaient, que comme l'homme de son choix. Le lendemain de son arrivée, il se rendit à l'assemblée nationale : « Monsieur le président, dit-il, je viens avec empressement témoigner à cette auguste assemblée ma respectueuse reconnaissance des marques d'intérêt et de bonté qu'elle a bien voulu me donner. Elle m'a imposé aussi de grands devoirs ; et c'est en me pénétrant de ses sentimens, et en profitant de ses lumières, qu'au milieu de circonstances si difficiles, je puis conserver un peu de courage. »

Le président, en lui répondant, exprima

la joie que son retour avait causée ; mais il était aisé de voir que l'assemblée ne considérait Necker que comme un citoyen qui avait fait son devoir, et dont la présence ne pouvait arrêter la marche des événemens.

Il fut reçu avec plus d'enthousiasme par les électeurs. On avait disposé sur la route de Versailles à Paris des piquets de dragons ; une multitude immense l'attendait à la barrière de la conférence ; une garde bourgeoise, précédée de détachemens de cavalerie, environnait sa voiture. La joie éclatait de toute part ; l'air retentissait des cris de *vive la nation ! vive Necker !* Hommes, femmes et enfans accouraient sur son passage, lui présentaient des bouquets, lui offraient des couronnes.

Lorsqu'il fut entré dans la salle des séances, le président Bailly le fit asseoir près de lui, et dit : « Vous aviez affligé la France par votre départ, votre retour lui rend la vie. Elle a mis sa confiance en vous, et cette attente ne sera point trompée. Le passé nous répond de l'avenir. Vous avez vu sur votre passage la joie des citoyens, vous avez entendu les acclamations du peuple; vous avez retrouvé partout les expressions de sa sensibilité. Ce peuple est celui qui a toujours aimé ses rois, qui adore Louis XVI, et qui a montré tant d'énergie pour recouvrer sa liberté; voilà sa gloire. La vôtre est d'être béni par un peuple immense, et loué par un peuple libre. »

Le ministre, dans sa réponse, qui fut longue, insista sur la nécessité de l'ordre légal, et s'écria : « Au nom de Dieu, Messieurs, plus de jugemens, de proscriptions, de scènes sanglantes ! » Ces paroles furent répétées par l'assemblée toute entière, et l'on entendit de toutes parts ces cris : *Grâce ! Pardon ! Amnistie !* Aussitôt on prit un arrêté portant : « L'assemblée des électeurs, au nom des habitans de la capitale, déclare qu'elle pardonne à tous ses ennemis; qu'elle proscrit tout acte de violence, et qu'elle regardera désormais comme ennemis de la nation, ceux qui troubleront par quelques excès la tranquillité publique. »

« Je refusai de signer cet arrêté, dit Bailly, dans ses mémoires. Il était inconstitutionnel, déplacé et dangereux. Inconstitutionnel, parce qu'il n'appartenait ni aux électeurs, ni à la commune de Paris, de prononcer une amnistie en faveur des ennemis de la nation ; déplacé, parce que ce n'est pas au moment où les haines commencent, où les ennemis sont couverts et non reconnus, qu'il faut donner un pardon général ; dangereux, parce qu'il pouvait nous rendre suspects de faiblesse ou de connivence. »

Cependant les troubles et les émeutes se propageaient dans tous les cantons de la France ; la cherté des grains qui semblaient en être la cause n'en était que le prétexte. De toutes parts les habitans s'étaient soulevés, et, malgré les arrêts des parlemens, les efforts des troupes et le dévouement des gardes nationales, ils s'étaient livrés à ces déplorables dévastations connues sous le nom d'*incendie des châteaux*. Dans les seules provinces de la Franche-Comté, du Maconnais et du Beaujolais, plus de cent cinquante châteaux avaient été la proie des flammes, qui menaçaient de consumer toutes les propriétés. Des meurtres, des atrocités avaient aussi signalé ces expéditions incendiaires ; et des vengeances particulières étaient venues se mêler aux fureurs populaires. L'histoire ne rappelle qu'en frémissant le marquis de Barras, coupé par morceaux sous les yeux de sa femme, près d'accoucher, et expirant d'horreur à ce spectacle ! de Montesson, fusillé au Mans, après avoir vu égorger son beau-père ! un gentilhomme paralytique, abandonné sur un bûcher ! un autre dont on brûle les pieds pour lui faire livrer ses titres ! l'infortuné Belzunce, massacré à Caen ! madame de Berthilac, forcée, la hache sur la tête, de donner sa terre ! la princesse de Listenois, contrainte au même abandon, ayant la fourche au cou et ses deux filles évanouies à ses pieds ! le marquis de Tremaud, vieillard infirme, chassé la nuit de son château, poursuivi de ville en ville, arrivant à Bâle, presque mourant, avec ses filles désolées! le comte de Montessu et sa femme, ayant, pendant trois heures, le pistolet sur la gorge, et demandant la mort comme une grâce, tirés de leur voiture pour être jetés dans un étang! le baron de Mont-Justin, suspendu dans un puits, et entendant délibérer si on le laisserait tomber, ou si on le ferait périr d'une autre manière! la comtesse d'Allemand et la duchesse de Clermont-Tonnerre, outragées! le chevalier d'Ambli, tiré de son lit, mis dans du fumier, après avoir eu les sourcils et les cheveux arrachés, et entendant autour de lui les chants et les danses de ses bourreaux.

A Poissy, un marchand de grains, nommé Sauvage, fut l'objet d'une émeute violente. Le 18 juillet il fut pris et décapité. Thomassin, pour le même sujet, fut sur le point de l'être à St.-Germain en Laye. Châtel, lieutenant du maire de St.-Denis, victime innocente d'une multitude con-

duite par trois soldats du régiment de Provence, fut massacré.

L'assemblée nationale, instruite de ces
excès, s'occupait depuis quelques jours
des moyens propres à faire cesser les
troubles et à obtenir le paiement des impôts et le respect des propriétés; elle avait
chargé un comité, nommé à cet effet, de
lui faire un rapport sur l'état de la France,
et de lui proposer des mesures propres à
rétablir le calme dans le royaume. Ce rapport avait été fait dans la séance du 3
août : « Par des lettres de toutes les provinces, avait dit le rapporteur, il paraît
que les propriétés, de quelque nature
qu'elles soient, sont la proie du plus coupable brigandage; de tous les côtés les
châteaux sont brûlés, les couvens détruits,
les fermes abandonnées au pillage; les
impôts, les redevances seigneuriales, tout
est détruit; les lois sont sans force, les
magistrats sans autorité, la justice n'est
plus qu'un fantôme qu'on cherche inutilement dans les tribunaux. »

Pour remédier à ces désordres, le comité avait proposé à l'assemblée, le 3
août, un projet de déclaration; mais celle-
ci, n'en ayant pas été satisfaite, avait
chargé un nouveau comité de rédaction
de lui présenter, le lendemain, à la séance
du soir, un autre projet sur les mêmes
bases.

Aucune discussion n'avait été mise à
l'ordre du jour pour cette séance, et elle
semblait uniquement consacrée à la lecture du projet de déclaration arrêtée la
veille. Elle s'ouvrit à huit heures du soir,
et Target, rapporteur du comité de rédaction, proposa, au nom de ce comité, le
projet de déclaration suivant :

« L'assemblée nationale, considérant
que, tandis qu'elle est uniquement occupée d'affermir le bonheur du peuple sur
les bases d'une constitution libre, les troubles et les violences, qui affligent diffé-
rentes provinces, répandent l'alarme dans
les esprits, et portent l'atteinte la plus funeste au droit sacré de la propriété et de
la sûreté des personnes ;

« Que ces désordres ne peuvent que ralentir les travaux de l'assemblée et servir les projets criminels des ennemis du bien public ;

« Déclare que les lois anciennes subsistent et doivent être exécutées jusqu'à ce que l'autorité de la nation les ait abrogées ou modifiées ;

« Que les impôts, tels qu'ils étaient, doivent continuer d'être perçus aux termes de l'arrêté de l'assemblée nationale du 17 juin dernier, jusqu'à ce qu'elle ait établi des contributions et des formes moins onéreuses au peuple ;

« Que *toutes les redevances et prestations accoutumées doivent être payées comme par le passé*, jusqu'à ce qu'il en ait été autrement ordonné par l'assemblée ;

« Qu'enfin les lois établies pour la sûreté des personnes et pour celle des propriétés, doivent être universellement respectées.

« La présente déclaration sera envoyée dans toutes les provinces, et les curés sont invités à la faire connaître à leurs parois-

siens et à leur en recommander l'observation. »

On allait passer à la discussion de cet arrêté, lorsque le vicomte de Noailles demande la parole pour proposer une mesure qui, suivant lui, peut seule ramener, dans les provinces, la paix troublée par le juste mécontement du peuple, accablé sous le poids des charges les plus exorbitantes. La mesure que propose le vicomte de Noailles, aussi généreuse qu'inattendue, excite dans l'assemblée un mouvement de surprise qui, insensiblement, prend le caractère du plus vif enthousiasme.

« Le but de la proclamation que vous venez d'entendre, dit-il, est d'arrêter l'effervescence des provinces, d'assurer la liberté publique, et de confirmer les propriétaires dans leurs véritables droits. Mais comment espérer d'y parvenir sans connaître quelle est la cause de l'insurrection qui se manifeste dans le royaume ? Et comment y remédier, sans appliquer le remède au mal qui l'agite ?

« Hâtez-vous d'achever une révolution amenée par le temps, de faire, avec un esprit de justice et de modération, ce que le peuple tente avec une aveugle furie. Nous n'avons qu'un moyen d'en arrêter les terribles effets, c'est de satisfaire promptement à tous ses griefs et de l'affranchir des derniers restes d'une longue oppression. » Il demande, en conséquence, la répartition égale des charges publiques et l'imposition de tous les citoyens, sans distinction d'ordres, ni de classes, l'abolition des corvées seigneuriales, des main-mortes et autres servitudes personnelles, et le rachat des droits féodaux.

Cette proposition fut accueillie avec enthousiasme; le duc d'Aiguillon l'appuya, et proposa de fixer le rachat au denier 3o. Le discours qu'il prononça à ce sujet est remarquable.

« Cette effervescence des peuples, dit-il, qui a affermi la liberté lorsque des ministres coupables voulaient nous la ravir, est un obstacle à cette même liberté dans le moment présent, où les vues du gouvernement semblent s'accorder avec nos désirs pour le bonheur public.

« Ce ne sont point seulement des brigands qui, à main armée, veulent s'enrichir au sein des calamités ; dans plusieurs provinces, le peuple tout entier forme une espèce de ligue pour détruire les châteaux, pour ravager les terres, et surtout pour s'emparer des chartriers, où les titres des propriétés féodales sont en dépôt. Il cherche à secouer enfin un joug qui, depuis tant de siècles, pèse sur sa tête ; et, il faut l'avouer, Messieurs, cette insurrection, quoique coupable, car toute agression violente l'est, peut trouver son excuse dans les vexations dont il est la victime. Les propriétaires des fiefs, des terres seigneuriales ne sont que bien rarement coupables des excès dont se plaignent leurs vassaux ; mais leurs gens d'affaires sont souvent sans pitié, et le malheureux cultivateur, soumis au reste barbare des lois féodales qui subsistent encore en France, gémit de la contrainte dont il est la victime. Ces droits, on ne peut se le dissimuler, sont une propriété, et toute propriété est sacrée; mais ils sont onéreux au peuple, et tout le monde convient de la gêne continuelle qu'ils lui imposent. »

Un autre député, Le Guen de Kérendal paraît ensuite à la tribune, vêtu d'un habit de paysan, et dit :

« Vous eussiez prévenu l'incendie des châteaux si vous aviez été plus prompts à déclarer que les armes terribles qu'ils contenaient, et qui tourmentent le peuple depuis des siècles, allaient être anéanties par le rachat forcé que vous en alliez ordonner.

« Le peuple, impatient d'obtenir justice et las de l'oppression, s'empresse à détruire ces titres, monumens de la barbarie de nos pères.

« Soyons justes, messieurs, qu'on nous apporte ici les titres qui outragent, nonseulement la pudeur, mais l'humanité même; qu'on nous apporte ces titres qui humilient l'espèce humaine, en exigeant

que les hommes soient attelés à une charrette, comme les animaux du labourage ;
qu'on nous apporte ces titres qui obligent
les hommes à passer les nuits à battre les
étangs pour empêcher les grenouilles de
troubler le sommeil de leurs voluptueux
seigneurs !

« Qui de nous, messieurs, dans ce siècle
de lumières, ne ferait un bûcher expia-
toire de ces infâmes parchemins, et ne
porterait pas le flambeau pour en faire
un sacrifice sur l'autel du bien public ?
Vous ne ramènerez, messieurs, le calme
dans la France agitée, que lorsque vous
aurez décrété la conversion de tous les
droits féodaux quelconques, en une pres-
tation en argent, rachetable à volonté ; et
je rends hommage aux vertus patriotiques
des deux respectables préopinans, qui,
quoique seigneurs distingués, ont eu les
premiers le courage de publier des vérités
jusqu'ici ensevelies dans les ténèbres de la
féodalité, et qui sont si puissantes pour
opérer la félicité de la France. »

Lapoule succède à Le Guen de Ké-rendal.

Il parle de la main morte, tant réelle que personnelle, de l'obligation, imposée à quelques vassaux, de nourrir les chiens de leurs seigneurs, et de cet horrible droit, relégué sans doute depuis des siècles dans les poudreux monumens de la barbarie de nos pères, par lequel le seigneur était autorisé, dans certains cantons, à faire éventrer deux de ses vassaux, à son retour de la chasse, pour se délasser, en mettant ses pieds dans les corps sanglans de ces malheureux.

L'indignation est à son comble, l'orateur est interrompu par plusieurs membres qui l'accusent d'imposture ; mais l'effet était produit, et la féodalité expirante se débattait en vain. Ce fut la haute noblesse elle même qui lui porta les derniers coups.

« A-t-on pensé, s'écria le marquis de Foucault, faire un vain appel à notre générosité ? C'est sur nous principalement que vont porter les sacrifices par lesquels on prétend ramener l'ordre dans le royaume. Eh bien ! il faut qu'on sache que nul de nous ne prétend s'y refuser. Autant on est sûr de trouver en nous une constance inébranlable pour soutenir l'autorité royale ébranlée dans ses fondemens, autant on est sûr de nous voir courir au-devant des sacrifices qui nous seront personnels. Je demande seulement que cette partie de la noblesse française dont la fortune s'alimente, se relève et s'accroît par les faveurs de la cour, supporte la plus grande partie des charges qui vont nous être imposées. »

Les duc de Guiche et de Mortemart se lèvent et, répondant à l'interpellation du marquis de Foucault, déclarent que toute la partie de la noblesse désignée par le préopinant s'estimera heureure d'alléger le fardeau de ceux qui, vivant dans une honorable indépendance, n'ont point de part aux bienfaits du roi.

Cet élan de patriotisme ne s'arrêta pas là, et à toutes ces propositions qui excitaient l'admiration de l'assemblée, en succédèrent d'autres qui ne furent pas accueillies avec moins d'enthousiasme.

Le vicomte de Beauharnais demande l'égalité des peines et l'admissibilité à tous les emplois;

Cottin réclame l'extinction des justices seigneuriales;

Custines, la suppression des prévôtés, etc. etc.

Enfin, personne ne se présentant plus pour prendre la parole, on se disposait à aller aux voix, lorsque Chapelier, président, dit: aucun de Messieurs du clergé n'ayant eu encore la faculté de se faire entendre, je me reprocherais de mettre fin à cette intéressante discussion, avant que ceux d'entre eux qui désireraient parler aient fait connaître leurs sentimens.

Forcé, par cette invitation, de paraître sur la scène des sacrifices, le clergé parut s'y résigner d'assez bonne grâce. Ce fut M. de La Fare, évêque de Nancy, qui répondit le premier à l'appel du président: « Accoutumés, dit-il, à voir de près la misère et la douleur des peuples, les membres du clergé ne forment pas de vœux plus ardens que ceux de les voir cesser; le rachat des droits féodaux était réservé à la nation qui veut établir la liberté. Les honorables membres qui ont déjà parlé n'ont demandé le rachat que pour les propriétaires; je viens exprimer, au nom des membres du clergé, un vœu qui honore à la fois la justice, la religion et l'humanité. Je demande que, si le rachat est accordé, il ne tourne pas au profit du seigneur ecclésiastique, mais qu'il en soit fait des placemens utiles pour les bénéfices mêmes, afin que leurs administrateurs puissent répandre des aumônes abondantes sur l'indigence.

Vint ensuite M. de Lubersac, évêque de Chartres, qui approuva tous les sacrifices que la noblesse venait de faire à la liberté publique; il représentait l'absurdité et la tyranie des lois qui consacraient le droit de chasse; lois qui forçaient le cultivateur à rester spectateur tranquille du ravage de ses récoltes, et le condamnaient à des peines graves, si, obéissant aux mouvemens de la nature, il cherchait à détruire avec des armes innocentes des animaux qui lui enlevaient ses plus chères espérances. Il demanda l'abolition de ce droit, et il en fit l'abandon pour lui : « Heureux, dit-il, de pouvoir donner aux autres propriétaires du royaume cette leçon d'humanité et de justice. »

Ces discours excitent un nouveau mouvement d'enthousiasme dans l'assemblée; le clergé se lève en masse pour appuyer la proposition de l'évêque de Chartres, et des applaudissemens prolongés interrompent la séance pendant quelques instans.

Custines propose ensuite de s'occuper de l'arrêté et des motions.

« Il n'y a qu'un vœu de notre part, reprend aussitôt le duc de Mortemart, c'est que les décrets soient rendus sans désemparer.

Saint Fargeau prend alors la parole, et dit : « Il ne s'agit pas de donner au peuple des espérances, mais des réalités. Nous avons ordonné que provisoirement les impôts continueraient d'être payés comme ils l'ont été jusqu'à présent ; c'est-à-dire que nous avons réservé au clergé et à la noblesse, le bénéfice de leurs exemptions jusqu'à ce qu'elles aient été expressément révoquées. Pourquoi tarderions nous à prononcer cette révocation dont presque tous nos cahiers nous font une loi? Je propose que, non seulement dès les derniers six mois de l'année, mais dès le commencement, tous les privilégiés, sans exception, supportent leur part proportionnelle des impositions publiques, et en attendant que cette assemblée ait établi les principes d'après lesquels la généralité des taxes sera payée, je suis d'avis qu'on renvoie aux assemblées provinciales, aux assemblées de département et aux municipalités, le soin de faire les évaluations nécessaires, et de régler les contributions de la manière la plus équitable. »

Liancourt demande l'affranchissement des serfs dans tout le royaume et l'adoucissement du sort des esclaves dans les colonies.

L'archevêque d'Aix fait un tableau

énergique des maux de la féodalité. Il insiste sur la nécessité d'en prévenir le retour, en prohibant toute espèce de con-
vention féodale que la misère pourrait
faire consentir aux habitans des campagnes. Il s'élève ensuite contre l'extension
arbitraire des impôts, et surtout contre
les aides et gabelles, dont il demande la
suppression.

Plusieurs curés, membres de l'assemblée,
demandent qu'il leur soit permis de renon-
cer à leur casuel et à leur bénéfice.

Enfin, les sacrifices paraissaient épuisés;
on s'arrêta un moment; mais tout à coup
un député s'avise de demander la suppression des états particuliers des provinces.
C'était un nouvel aliment fourni à l'ardeur
des esprits, et un autre genre de sacrifice
succède aux précédens.

Le comte d'Agout et de Blacons, députés
du Dauphiné, offrent les premiers la renonciation de leur province à ses priviléges,
chartes, franchises et capitulations.

Viennent ensuite les députés de la Bre-
tagne, de la Provence, du Languedoc, de

la Bourgogne, du comté de Foix, de Béarn, du Roussillon, du Bigorre, de la Lorraine, de la Normandie, du Poitou, de l'Auvergne, de la Franche-Comté , de l'Artois et de la Flandre, qui se pressent à la tribune pour y porter la même renonciation de la part de leur province.

A ces derniers succèdent les députés des bailliages, qui font aussi l'offrande des priviléges de leurs villes.

Un autre membre demande qu'il soit envoyé une députation au roi pour lui porter l'*hommage des sacrifices dont ses vertus ont inspiré le don et fourni l'occasion à la nation.*

Aussitôt Lally-Tolendal se lève :

« Je ne sais, dit-il, si mon cœur me trompe, mais vous m'avez enivré de joie... Au milieu des élans du patriotisme, ne devons-nous pas nous souvenir du roi; du roi, qui nous a convoqués lorsque les assemblées nationales étaient interrompues depuis près de deux siècles; du roi, qui , après deux cents ans d'interruption, nous a invités le premier à cette heureuse réunion, que nous venons de consommer dans ce beau jour. Il faut que chacun recueille sa récompense; que chacun ait son bonheur; que le bonheur public en soit le dernier résultat; que l'union du roi et du peuple couronne l'union de tous les ordres, de toutes les provinces et de tous les citoyens. C'est au milieu des états-généraux que Louis XII fut proclamé *Père du peuple*, c'est au milieu de cette assemblée nationale, la plus auguste et la plus utile qui fut jamais, que nous devons proclamer Louis XVI *Restaurateur de la liberté française.* »

Ces diverses propositions, accueillies par des applaudissemens , sont adoptées avec acclamations, et la séance est levée à une heure et demie, au milieu des cris de *vive le Roi! vive Louis XVI , restaurateur de la liberté française!*

Il semblait , dit Rabaut, qu'en une nuit la France allait être régénérée.

Bientôt, néanmoins, des repentirs saisissent quelques ecclésiastiques et quelques nobles de province; mais Custines s'oppose à toutes les lenteurs qu'on veut apporter au plus noble désintéressement. « Il n'y a ici, dit le comte de Montmorency, ni motion ni amendement à faire ; c'est un sentiment de patriotisme qui porte la noblesse et les ecclésiastiques à faire des sacrifices. Il ne s'agit que de les recevoir ; il ne s'agit pas de délibérer trois jours pour accepter un bienfait. » Un membre invoque le réglement pour ajourner la délibération. « Le réglement a été ponctuellement exécuté, répond le duc de Mortemart, c'est le moment de délibérer. » —« Toute discussion, ajoute le duc de Liancourt, recule d'autant le moment de la constitution. » Les évêques de Langres et de Dijon prient l'assemblée de ne pas attribuer les sentimens particuliers de quelques membres du clergé à l'ordre entier, auquel tous les sacrifices nécessaires au bonheur et à la tranquillité de la France ne coûteront jamais.

Dans la séance du dix, Arnoult propose la motion suivante : « Toute dîme sera supprimée à dater du premier janvier prochain ; l'assemblée pourvoira sans délai aux pensions à faire aux ecclésiastiques. »

Cette motion est soutenue par Mirabeau :

« Messieurs, dit-il, la dîme n'est point une propriété ; la propriété ne s'entend que de celui qui peut aliéner le fonds, et jamais le clergé ne l'a pu. Les dîmes n'ont jamais été pour le clergé que des jouissances annuelles, de simples possessions révocables à la volonté du souverain.

» Il y a plus, la dîme n'est pas même une possession ; elle est une contribution destinée à cette partie du service public qui concerne les ministres des autels ; c'est le subside avec lequel la nation *salarie* les officiers de morale et d'instruction. (Ici des murmures se font entendre parmi les membres du clergé.)

» J'entends, à ce mot *salarier*, beaucoup de murmures, reprend-il, et l'on dirait qu'il blesse la dignité du sacerdoce ; mais, Messieurs, il serait temps, dans cette révolution qui fait éclore tant de sentimens justes et généreux, que l'on abjurât les préjugés d'ignorance orgueilleuse qui font dédaigner les mots *salaires* et *salariés*. Je ne connais que trois manières d'exister dans la société : il faut y être *mendiant*, *voleur* ou *salarié*. Le propriétaire n'est lui-même que le premier des salariés ; ce que nous appelons vulgairement sa propriété, n'est autre chose que le prix que lui paie la société pour les distributions qu'il est chargé de faire aux autres individus pour ses consommations et ses dépenses. Les propriétaires sont les agens, les économes du corps social. »

Le lendemain Ricard monte à la tribune, et donne lecture d'un acte par lequel quelques curés, reconnaissant que la conversion des dîmes en argent serait plus onéreuse aux peuples, les remettent, et en font abandon dans les mains de la nation.

Une foule d'autres curés se lèvent aussitôt pour adhérer à cette déclaration ; elle est remise sur le bureau, et un grand nombre de membres du clergé s'empressent d'y apposer leurs signatures.

Ces offres sont acceptées; les dimes sont supprimées sans rachat, sauf à pourvoir dignement à l'entretien du culte et de ses ministres, et l'assemblée, après sept jours d'une discussion vive et animée, adopte définitivement le décret d'abolition.

Le 13, l'assemblée se rendit en corps auprès du Roi, et le président lui adressa le discours suivant :

« Sire, l'assemblée nationale apporte à Votre Majesté une offrande vraiment digne de votre cœur; c'est un monument élevé par le patriotisme et la générosité de tous les citoyens. Les priviléges, les droits particuliers, les distinctions nuisibles au bien public ont disparu. Provinces, villes, ecclésiastiques, nobles, citoyens des communes, tous ont fait éclater, comme à l'envie, le dévouement le plus mémorable; tous ont abandonné leurs antiques usages avec plus de joie que la vanité n'avait jamais mis d'ardeur à les réclamer. Vous ne voyez plus devant vous, Sire, que des Français soumis aux mêmes lois, gouvernés par les mêmes principes, pénétrés des mêmes sentimens, et prêts à donner leur vie pour les intérêts de la nation et de son Roi.

« Agréez, Sire, dit-il en terminant, notre respectueuse reconnaissance et l'hommage de notre amour, et portez dans tous les âges le seul titre qui puisse ajouter de l'éclat à la majesté royale , le seul titre que nos acclamations unanimes vous ont déféré, le titre de *Restaurateur de la liberté française.* »

Le Roi répondit :

« J'accepte avec reconnaissance le titre que vous me donnez ; il répond aux motifs qui m'ont guidé lorsque j'ai rassemblé autour de moi les représentans de ma nation. Mon vœu, maintenant, est d'assurer avec vous la liberté publique par le retour si nécessaire de l'ordre et de la tranquillité. Vos lumières et vos intentions m'inspirent une grande confiance dans le résultat de vos délibérations.

« Allons priez le ciel de nous accorder son assistance ; rendons lui des actions de grâces des sentimens généreux qui règnent dans votre assemblée. »

Telles furent les suites de la journée du 4 août, que les uns appelèrent *journée des sacrifices*, et à laquelle d'autres donnèrent le non de *journée des dupes*. Rivarol dit que ce fut *la Saint-Barthélemi des propriétés*. Le mot serait piquant s'il était juste.

CHAPITRE IV.

SOMMAIRE : Travaux législatifs. — Repas des gardes-du-corps.

5 Août au 1er. Octobre 1789.

La mémorable séance du 4 août avait accompli l'œuvre de la révolution. L'ancien édifice social se trouvait abattu ; il ne s'agissait plus que de le reconstituer sur un plan en rapport avec le progrès de l'esprit public. Mais ici se présentaient les plus grandes difficultés. Quelle nature de constitution donner à la France ? comment l'établir dans de pareilles circonstances ; lorsque d'un côté se manifestait une conflagration universelle, et quand de l'autre une partie de la société était dans un état permanent d'opposition et de résistance ? Jamais assemblée ne se trouva revêtue d'un ministère plus imposant, investie d'une tâche plus colossale.

Cette assemblée féconde en lumières et en talens n'était pas homogène, et présentait divers partis. On y remarquait, comme on vit depuis dans toutes les législatures subséquentes, un côté droit, un côté gauche, un centre.

Au côté droit figuraient les députés des clases privilégiées, ennemis de la révolution, ne voulant point de constitution, et de connivence avec la cour contre le nouvel ordre de choses. Deux orateurs représentaient cette portion de l'assemblée: l'abbé Maury, orateur facile et spirituel, mais d'une éloquence sans conviction et sans entraînement, était à la tête du clergé; Cazalès, gentilhomme de fraîche date, et que dans d'autres temps la noblesse eût dédaigné comme un anobli, déployait dans la défense de cette caste un talent plein de force et d'adresse: c'était un orateur abondant et un puissant dialecticien.

Au centre on voyait paraître un petit

nombre d'honorables amis de Necker, partisans des deux chambres, du gouvernement anglais, de la liberté légale; Mounier, Lally - Tollendal, Clermont - Tonnerre. Mais dans l'état des esprits, un parti modéré ne pouvait être envisagé par les deux extrêmes que comme un ennemi, Le centre voulait trop de liberté pour le côté droit, pas assez pour le côté gauche.

Ce dernier, composé de la presque totalité des membres du tiers états, grossi des minorités de la noblesse et du clergé, formait la grande majorité de l'assemblée. Cette majorité voulait établir la liberté constitutionnelle; il ne régnait toutefois pas un entier accord entre ses membres. Une portion se détachait d'une manière saillante de ses collègues; c'était l'extrême gauche. Encore peu puissante dans les délibérations, l'extrême gauche était formée de ces esprits qui se placent toujours au-delà de leur époque, qu'un zéle ardent, des systêmes exclusifs, ou des vues d'ambition, jettent à la tête de tous les mouvemens; qui ne trouvent jamais les inno-

vations suffisantes, et veulent que les ré-
volutions étendent leur carrière jusqu'aux
derniéres limites. Robespiere, Pétion, Bu-
zot, et une foule d'autre députés se faisaient remarquer dans cette section. Leurs
opinions cependant avaient peu de crédit
dans l'assemblée. Ils suppléaient à ce défaut d'influence intérieure par des manœu-
vres au sein des clubs, par des journaux,
des pamphlets, des intelligences dans le
peuple, dont ils représentaient les intérêts
et les opinions. Ce parti pouvait dès lors
être considéré comme le parti démocratique. Mais la révolution n'avait point encore fait assez de progrès pour qu'il pût
dominer.

Le parti vraiment dominant, et qu'on
pouvait considérer alors comme représentant le mieux les besoins de l'époque, était
celui qui se plaçait entre le centre et l'extrême gauche : imbu des principes de la
révolution américaine, il connaissait néanmoins assez la France pour ne pas désirer
de la transformer brusquement en répu-
blique ; il voulait la faire jouir d'une cons-

titution libre, avec une seule assemblée permaneute ; il désirait une monarchie constitutionnelle. Ce parti avait applaudi au 14 juillet, au 4 août ; il ne repoussait pas entièrement les influences du dehors ; il était plein d'enthousiasme, et tout prêt à commettre de nobles fautes : ses chefs était Barnave, orateur distingué, Duport-du-Tertre, homme à vus profondes, et les deux Lametz, qui renonçaient aux faveurs de la cour pour se vouer à jamais à la cause constitutionnelle, propres à l'action.

Mais deux membres du côté gauche sortaient plus positivement encore de la mesure commune ; l'un était l'abbé Sièyes, que nous avons signalé déjà, et dont le vaste savoir devait être d'un grand secours pour la constitution ; l'autre Mirabeau, ce colosse de la tribune, qui, dédaignant de s'attacher à un parti, faisait pencher la balance du côté où il jetait son éloquence ; mélange de génie et d'immoralité, dont l'ascendant s'étendait jusque sur la populace, et qui toujours indépendant, fit plier sous son joug ceux même qui avaient cru le corrompre comme un factieux ordinaire.

Telle était cette assemblée chargée de constituer la France. Divisée elle même d'opinions et d'intérêts, il fallait qu'elle accordât tous les intérêts, qu'elle satisfît toutes les opinions; il lui fallait répondre à tous les besoins de la patrie, sans se laisser arrêter par les résistances des uns, ni effrayer par les exigences des autres. Sa tache était immense : l'histoire l'élève au-dessus de toutes les assemblées qui se succédèrent, en disant qu'elle l'accomplit dignement.

Dans la séance de nuit du 4 août, il avait égaré parmi les membres de l'assemblée nationale un accord qui devait présager le retour du calme et de la félicité publique : les désordres cependant continuèrent dans les provinces et à Paris.

Dès le 6 des scènes tumultueuses eurent lieu à la grève, et à l'hôtel-de-ville; un bâteau chargé de dix milliers de poudre, avait été arrêté au port St.-Paul par quelques hommes du peuple ; les employés qui le montaient exhibèrent pour leur justification un ordre du marquis de la Salle, qui envoyait cette poudre de traite à Essonne, pour être échangé contre de la poudre de guerre. Aussitôt la place grève se couvre de groupes, on crie à la trahison, et la fureur populaire se tourne contre le marquis de la Salle. Celui-ci, dont la conduite peut être inconséquente n'avait aucun caractère coupable, se retire dans les salles de l'hôtel-de-ville ; le peuple brise les portes, le poursuit : il avait eu le temps d'échapper et de fuir.

Depuis le matin M. de La Fayette tentait vainement de rétablir la tranquillité : il parvient enfin sur les onze heures du soir à faire évacuer la place de Grève et à la remplir de troupes.

D'autres scènes semblables, causées par les entraves qu'éprouvait la circulation des grains se renouvelaient chaque jour ; les convois de grains dirigés sur Paris, furent pillés à Louviers, à Provins, à Nantes etc., et les arrêtés pris par l'assemblée ne purent mettre un terme à ces désordres.

L'assemblée elle même présentait un aspect inquiétant.

Dans la séance du 7, les six membres du nouveau ministère s'y présentèrent à la fois. L'archevêque de Bordeaux fit l'exposé des maux qui désolaient la France : « Les propriétés sont violées dans les provinces, disait-il, des mains incendiaires ont ravagé les habitations des citoyens. Les formes de la justice sont méconnues et remplacées par des voies de fait et des proscriptions. On a vu en quelques lieux menacer les maisons et poursuivre le peuple jusque dans ses espérances. On envoie la terreur et les alarmes partout, etc.

Après lui le garde de sceaux, Necker, prit la parole pour attirer l'attention de l'assemblée sur un tableau non moins affligeant. Il exposa le déplorable état des finances, et finit par un emprunt de 3o millions à cinq pour cent.

Clermont-Lodève propose aussitôt de

voter l'emprunt sans délibérer et par acclamation. « Je demande, s'écria Mirabeau, la
proscription de ce vil esclave ! » Plusieurs
députés réclament alors la délibération et
l'absence des ministres ; les ministres se
retirent.

Le marquis de Foucault expose alors à
l'assemblée que ses cahiers lui interdisent
le vote actuel d'aucun emprunt ; mais qu'il
engagera ses commettans pour 6oo,ooo livres qui forment le montant de sa fortune ;
et qu'il se portera caution pour eux. La générosité de cette proposition excite une
vive approbation sur tous les bancs de
l'assemblée, et Mirabeau s'en emparant,
en fait une proposition générale : « Messieurs, dit-il, vos mandats vous interdisent
tout vote d'emprunt : je vois cependant un
moyen de venir au secours de la chose publique sans manquer à ce que nous devons
à nos commettans ; c'est de faire un emprunt sous l'engagement des membres de
l'assemblée. Ce moyen est noble et patriotique ; il montre, aux yeux de l'Europe, une
fidélité inflexible pour les mandats ; il ap-

pelle l'esprit public, et donne l'exemple des sacrifices. »

Cette noble motion n'eut pas de suite, non plus qu'une autre que firent le marquis de Lacoste et Alexandre Lameth après de sages réflevions sur la nature des biens du clergé. Ils déclaraient que ces biens pouvaient être offerts en gage aux créanciers de l'état. Ces réflexions furent accueillies par les murmures violens du clergé; mais elle retentit dans la France entière. Chacun pensait en secret ce que Lameth venait de dire à la tribune; cette façon d'acquitter la dette publique et d'arriver à la diminution des impôts, en paraissait préférable au peuple; la proposition passait alors inaperçue, mais c'était un utile jalon planté qui devait bientôt indiquer la route à suivre, la révolution mûrissait chaque jour.

Le 9 août, après deux jours de discussion, l'assemblée décréta l'emprunt demandé, mais en réduisant l'intérêt à quatre et demi pour cent. C'était trop présumer du crédit national et du patriotisme des capitalistes; l'emprunt ne se remplit pas, et on fut bientôt obligé de voter un autre emprunt de 80 millions à cinq pour cent.

C'est à cette époque que les habitans de Paris, se revêtirent pour la première fois de l'uniforme de la garde nationale.

Le 10 août, l'assemblée nationale publia une proclamation pour rétablir l'ordre dans les campagnes, elle indiquait aux municipalités les mesures à prendre et terminait en ordonnant aux troupes nationales et à l'armée de prêter le serment « d'être fidèle à la nation, à la loi et au roi. » *Ce fut*, dit Bailly, dans ses mémoires *le premier exemple d'un serment fait en France à la nation.* »

Le 11 du même mois, les dîmes ecclésiastiques furent supprimées : le 24 enfin, la liberté indéfinie de la presse fut proclamé un des droits inaliénables de l'homme.

L'embarras des finances allait cependant croissant de jour en jour, on avait inutilement tenté la vaine et incertaine ressource des dons patriotiques ; le roi, la reine, pour donner l'exemple, avaient envoyé leur argenterie à la monnaie; les citoyens avaient imité ce généreux exemple. Une multitude de femmes avaient apporté leurs bijoux, dans une espèce de bureau ouvert à la porte de l'assemblée ; les députés avaient donné jusqu'aux boucles de leur chaussure ; mais toutes ces offrandes ne purent jamais excéder quatre millions, ressource bien insuffisante pour les besoins immenses de l'état.

Necker, qui voyait tout périr autour de lui, n'aperçut plus alors de salut que dans une mesure extrême; il s'y décida. Le 24 septembre, il se rendit de nouveau au sein de l'assemblée; et là, après avoir déroulé devant les yeux des députés le tableau énergique et fidèle de la détresse du trésor royal et des causes multipliées qui l'aggravaient de jour en jour, pensant que tout emprunt était désormais inutile, et que ce serait harceler maladroitement la confiance publique, il demanda, comme seul moyen d'obtenir les secours indispensables dans les circonstances critiques où se trouvaient les finances, une contribution patriotique du quart des revenus de chaque citoyen. Il accompagna cette proposition du don de 100,000 livres, qu'il déposa en billets de caisse sur le bureau du président, déclarant que cette somme excédait le quart de son revenu.

Un tel sacrifice sembla exorbitant. Et cependant, quoique le ministre eût montré l'affreuse perspective de la cessation du paiement de la dette publique; la majorité de l'assemblée ne paraissait pas disposée à accorder cette contribution. La discussion était sombre, menaçante, se surchargeait de nouveaux incidens, se croisait par de nouveaux embarras, et tendait évidemment à la ruine complète des finances et à l'anéantissement des derniers et faibles ressorts de l'ordre social. Mirabeau comprend toute l'étendue du danger. Il prend alors la parole et s'écrie : « Le ministre des finances vous a peint les dangers qui nous environnent avec l'énergie que réclame une situation presque désespérée ; il vous demande les secours les plus urgens ; il vous indique des moyens, il vous presse de les accepter ; mais, par la fatalité des circonstances, nous avons d'autant moins le temps et les moyens nécessaires pour délibérer, que la résolution a prendre est plus décisive et plus importante. Les revenus de l'état sont anéantis, le trésor est vide ; la force publique est sans ressort ; et c'est demain, c'est aujourd'hui, c'est à cet instant même que l'on a besoin de votre intervention. Acceptez de confiance les propositions du ministre, et croyez qu'en lui déférant cette espèce de dictature provisoire, vous remplissez vos devoirs de citoyens et de représentans de la nation. »

Cette proposition est d'abord accueillie avec enthousiasme ; mais bientôt la discussion recommence avec une nouvelle chaleur ; mille propositions contradictoires s'élèvent ; les têtes s'échauffent ; le tumulte est à son comble. Mirabeau monte une seconde fois à la tribune, et foudroie de toute la puissance de son génie cette honteuse tergiversation.

« Si des déclarations moins solennelles, dit-il, ne garantissaient pas notre respect pour la foi publique, notre horreur pour l'infâme mot de *banqueroute*, j'oserais scruter les motifs secrets, et peut-être, hélas ! ignorés de nous-mêmes, qui nous font si imprudemment reculer au moment de proclamer l'acte d'un grand dévouement, certainement inefficace, s'il n'est pas rapide, et vraiment abandonné. Je dirais à ceux qui se familiarisent peut-être avec l'idée de manquer aux engagemens publics, par la crainte de l'excès des sacrifices, par la terreur de l'impôt..... Qu'est-ce donc que la banqueroute, si ce n'est le plus cruel, le plus inique, le plus illégal, le plus désastreux des impôts ?..... Mes confrères, mes amis, écoutez un mot, un seul mot.

» Deux siècles de déprédations et de brigandages ont creusé le gouffre où le royaume est près de s'engloutir ! Il faut le combler, ce gouffre effroyable ! Eh bien ! voici la liste des propriétaires français. Choisissez parmi les plus riches, afin de sacrifier moins de citoyens ; mais choisissez, car ne faut-il pas qu'un petit nombre périsse pour sauver la masse du peuple ? Allons, ces deux mille notables possèdent de quoi combler le déficit. Ramenez l'ordre dans vos finances, la paix et la prospérité dans le royaume..... frappez, immolez sans pitié ces tristes victimes !..... précipitez-les dans l'abîme... il va se refermer ! Vous reculez d'horreur... hommes inconséquens ! hommes pusillanimes ! Ah ! ne voyez-nous donc pas qu'en décrétant la banqueroute, ou, ce qui est plus odieux encore, en la rendant inévitable sans la décréter, vous vous souillez d'un acte mille fois plus criminel, et, chose inconcevable ! gratuitement criminel ; car, enfin, cet horrible sacrifice ferait, il est vrai, disparaître le déficit ; mais croyez vous, parce que vous n'aurez pas payé, que vous ne devrez plus rien ? croyez-vous que les milliers, que les millions d'hommes qui perdront en un instant, par l'explosion terrible ou par ses contre-coups, tout ce qui faisait la consolation de leur vie, et

peut-être leur unique moyen de la soutenir, vous laisseront paisiblement jouir de
votre crime ? Contemplateurs stoïques des
maux incalculables que cette catastrophe
vomira sur la France, impassibles égoïstes
qui pensez que ces convulsions du désespoir et de la misère passeront comme tant
d'autres, et d'autant plus rapidement
qu'elles seront plus violentes, êtes-vous
bien sûrs que tant d'hommes sans pain
vous laisseront tranquillement savourer
les mets dont vous n'aurez voulu diminuer
ni le nombre ni la délicatesse?..... Non,
vous périrez, et, dans la conflagration
universelle que vous ne frémissez pas d'al-
lumer, la perte de votre honneur ne sau-
vera pas une seule de vos détestables jouissances.

» Voilà où nous marchons..... J'entends
parler de patriotisme, d'élan du patriotisme, d'invocation au patriotisme. Ah !
ne prostituez pas ces mots de patrie et de
patriotisme ! Il est donc bien magnanime
l'effort de donner une portion de son revenu pour sauver tout ce qu'on possède !

Ah ! Messieurs, ce n'est là que de la simple arithmétique, et celui qui hésitera ne peut désarmer l'indignation que par le mépris que doit inspirer la stupidité. Oui, Messieurs, c'est la prudence la plus ordinaire, c'est la sagesse la plus triviale, c'est votre intérêt le plus grossier que j'invoque. Je ne vous dis plus comme autrefois : donnerez-vous les premiers aux nations le spectacle d'un peuple assemblé pour manquer à la foi publique ? Je ne vous dis plus : eh ! quels titres avez-vous à la liberté, quels moyens vous resteront pour la maintenir, si, dès votre premier pas, vous surpassez les turpitudes des gouvernemens les plus corrompus, si le besoin de votre concours et de votre surveillance n'est pas le garant de votre constitution ? Je vous dis : vous serez tous entraînés dans la ruine universelle, et les premiers intéressés au sacrifice que le gouvernement vous demande, c'est vous-mêmes !

» Votez donc ce subside extraordinaire, et puisse-t-il être suffisant ! votez-le, parce que si vous avez des doutes sur les moyens (doutes vagues et non éclaircis), vous n'en avez pas sur sa nécessité et sur notre impuissance à le remplacer, immédiatement du moins; votez-le, parce que les circonstances publiques ne souffrent aucun retard, et que nous serions comptables de tout délai. Gardez-vous de demander du temps; le malheur n'en accorde jamais..... Eh! Messieurs, à propos d'une ridicule motion du Palais-Royal, d'une risible insurrection qui n'eut jamais d'importance que dans les imaginations faibles, ou les desseins pervers de quelques hommes de mauvaise foi, vous avez entendu naguère ces mots forcenés : *Catilina est aux portes de Rome, et l'on délibère!* (1) et certes, il n'y avait autour de vous ni Catilina, ni périls, ni factions, ni Rome... mais aujourd'hui la banqueroute, la hideuse banqueroute est là ; elle menace de

(1) Dans une des séances précédentes, un membre de l'assemblée avait lancé cette apostrophe en tournant les yeux du côté de Mirabeau.

II.   8

consumer, vous, vos propriétés, votre honneur, et vous délibérez ! »

Ce discours est accueilli par des applaudissemens presque convulsifs, et l'assemblée entraînée vote de confiance la contribution du quart du revenu.

Malgré ces discussions financières, l'assemblée s'occupait toujours de sa délibération sur la constitution et les droits de l'homme ; la question de *l'unité* de la représentation nationale y fut d'abord agitée

La noblesse et le haut clergé étaient partisans de la constitution anglaise, et soutenaient la nécessité de deux chambres ; mais cette opinion était vivement combattue par les députés des communes, qui voulaient une chambre unique, assurés d'avance qu'une chambre haute ne servirait qu'à maintenir les prérogatives de l'aristocratie, et à perpétuer les abus du régime féodal.

Lally tenta vainement d'effrayer l'assemblée par le tableau du despotisme et de la démocratie, fruits inévitables de l'unité de la représentation ; Rabaud Saint-Étienne acheva de l'entraîner en s'écriant : *un seul Dieu, une seule nation, un seul Roi, une seule chambre ;* la déclaration fut prise à la majorité de huit cent quarante-neuf voix contre quatre-vingt-neuf, qu'il n'y aurait qu'une seule chambre, et que le corps législatif serait formé, tous les deux ans, par de nouvelles élections.

Un incident remarquable s'éleva alors dans l'assemblée, et fit trêve, pendant quelques instans, aux graves discussions politiques dans lesquelles elle était absorbée. Cet incident fournit à Mirabeau l'occasion de montrer sa supériorité dans un nouveau genre d'éloquence.

Déjà, depuis quelques temps, ses opinions n'étaient plus en harmonie avec celles de la faction démocratique de l'assemblée, il était en but aux attaques des deux partis, partageant le sort de Mounier, de Lally et de tous les députés modérés, qu'on désignait sous le nom de *constitutionnels ;* il était même poursuivi avec d'autant plus d'ardeur, qu'il était plus redouté. On le représentait à la tribune comme une âme vénale, qui ne cherchait à intimider la cour que pour en être plus chèrement acheté ; on l'accusait d'aspirer au ministère. L'assemblée entière désirerait de lui une explication précise ; on parvint à l'obtenir, en faisant la motion de déclarer qu'aucun député ne pourrait être ministre.

Mirabeau sentit d'abord que c'était à lui que s'adressait cette attaque ; il s'empressa de la repousser : « Messieurs, dit-il, je crois qu'il peut être utile d'empêcher que *tel* membre de l'assemblée n'entre dans le ministère ; mais, comme pour obtenir cet avantage particulier, il ne convient pas de sacrifier un grand principe, je propose , comme amendement , de réduire l'exclusion du ministère aux membres de l'assemblée que l'auteur de la motion paraît redouter , et je me charge de vous les faire connaître.

» Il n'y a que deux personnes dans l'assemblée qui puissent être l'objet secret de cette motion ; les autres ont donné assez preuves de liberté, de courage et d'esprit

public pour rassurer l'honorable député ;
mais il y a deux membres sur lesquels lui
et moi pourront parler avec d'autant plus
de liberté , qu'il dépend de lui et de moi
de les exclure ; et certainement sa motion
ne peut porter que sur l'un des deux. Quels
sont ces membres ? Vous l'avez déjà de-
viné , Messieurs, c'sst l'auteur de la motion et moi.

» Je dis d'abord l'auteur de la motion ,
parçe qu'il est possible que sa modestie
embarrassée ou son courage mal affermi
aient redouté quelque grande marque de
confiance, et qu'il ait voulu se ménager le
moyen de la refuser , en faisant admettre
une exclusion générale.

» Je dis ensuite moi-même , parce que
des bruits populaires , répandus sur mon
compte, ont donné des craintes à certaines
personnes et peut-être des espérances à
quelques autres ; qu'il est très-possible
que l'auteur de la motion ait cru ces bruits;
qu'il est très-possible qu'il ait de moi l'idée
que j'en ai moi-même; et dès-lors je ne
suis pas étonné qu'il me croie incapable de

remplir une mission que je regarde comme fort au-dessus, non de mon zèle, mais de mes lumières et de mes talens, sursout si elle devait me priver des leçons et des conseils que je n'ai cessé de recevoir dans cette assemblée.

» Voici donc, Messieurs, l'amendement que je vous propose : c'est de borner l'exclusion demandée à *M. de Mirabeau*, *député des communes de la sénéchausée d'Aix*. Je me croirai fort heureux si, au prix de mon exclusion, je puis conserver à cette assemblée l'espérance de voir plusieurs de ses membres, dignes de toute ma confiance et de tout mon respect, devenir les conseillers intimes de la nation et du roi, que je ne cesserai de regarder comme indivisibles. »

Il était impossible de se défendre avec plus d'adresse et d'esprit; aussi la motion fut-elle retirée par son auteur; et l'assemblée passa à la discussion des articles constitutionnels relatifs à l'hérédité de la couronne. Le marquis de Sillery personnellement attaché au duc d'Orléans, et dévoué à sa cause, demanda que la branche des Bourbons régnante en Espagne fut exclue des droits d'hérédité au trône de France ; Mirabeau appuya cette proposition. Mais l'assemblée, sentant le danger d'une semblable déclaration, décida, à la majorité de cinq cents voix contre quatre cents trente-huit, qu'elle n'entendait rien préjuger sur la renonciation de la branche espagnole. Fort de l'appui de Mirabeau, Sillery s'écria alors : « Je demande, M. le président qu'il soit dit dans le procès-verbal que le décret a été rendu *en l'absence du duc d'Orléans.* — Et moi, répondit en riant le marquis de Mirepoix, je demande qu'il soit dit qu'il a été rendu *en l'absence du roi d'Espagne.*

Le *veto* du roi fut bientôt l'objet de discussions très-animées. L'assemblée était d'accord sur le principe, et reconnaissait la nécessité de la sanction royale pour la confection des lois ; c'était cette sanction que l'on désignait sous le nom de question du *veto*, qu'il était loisible au roi de refuser ; mais elle était partagée sur la na-

ture et l'étendue de ce droit : les uns voulaient que le *veto* du roi, ou le droit d'empêcher, eût un effet *absolu*, c'est-à-dire
qu'il anéantît la délibération du corps législatif, et rendît la loi nulle ; les autres
voulaient que le *veto* n'eût qu'un effet *suspensif*, c'est-à-dire qu'il suspendît seulement l'exécution de la loi pendant un
temps déterminé.

Dès-lors, commencèrent à se former
dans l'assemblée deux partis distingués
par les noms de *côté gauche* et de *côté
droit*, selon qu'ils siégeaient à la droite ou
à la gauche du président. Mounier, l'abbé
Maury, Lally - Tollendal, tous du côté
droit, soutenaient le *veto* absolu ; Mirabeau lui-même l'appuyait avec son énergie
accoutumée : « J'aimerais mieux vivre à
Constantinople qu'en France, dit-il, si
l'on y pouvait faire des lois sans la sanction
royale. » L'abbé Sièyes, Thouret, Alexandre Lameth, soutenaient au contraire le
veto suspensif.

La discussion se prolongeait, et la question ne paraissait pas près d'être décidée,

lorsqu'un message de Necker apprit à l'assemblée que le Roi , s'étant fait rendre compte des débats auquel la sanction royale avait donné lieu, s'était déterminé, sur un rapport fait au conseil , à refuser le *veto* absolu ou indéfini, et à se contenter du *veto* suspensif. Ce message ne fut pas lu ; l'assemblée en connaissait le contenu d'avance ; et toute discussion cessa. Le *veto* suspensif fut décrété à la majorité de six cent soixante-treize voix contre trois cent vingt-cinq , et le terme de la suspension fixé à la seconde législature.

Ces discussions qui se répandaient au dehors n'étaient pas de nature à calmer les esprits , déjà tourmentés par la crainte d'une disette , que la difficulté et les dangers de l'arrivage des grains rendait imminente. Les habitans de Paris se portaient en foule chez les boulangers, dont ils assiégeaient les portes avant le jour ; et ces scènes tumultueuses se renouvelaient à chaque instant, dans les lieux où se vendaient la farine et les grains. Pour comble de maux , l'anarchie régnait dans les districts ; tous avaient leur comité permanent, un comité de police , un comité militaire , un comité civil et un comité de subsistances , qui avaient chacun un président , un vice-président et des secrétaires. Chaque district s'attribuait le pouvoir législatif ; chaque comité , le pouvoir exécutif ; en même temps les partisans de l'ancien ordre de choses travaillaient activement pour le ramener , et dressaient un plan de contre révolution , dans lequel entrait le projet d'enlever le roi et de le conduire à Metz. Enfin, une insurrection générale paraissait d'autant plus inévitable, que tous les partis la désiraient ; les uns dans l'intention de la diriger contre la cour, les autres pour anéantir l'assemblée nationale.

Le soir du 3o août, il y eut une émeute au Palais-Royal. On y proposa de réunir quinze mille hommes qui se rendraient à Versailles et supplieraient le roi de venir habiter à Paris pour rétablir le calme. Le marquis de Saint-Huruge, l'un des habitués de ces réunions, se chargea d'aller porter cettte motion à l'assemblée nationale , et se met-immédiatement en marche à la tête d'environ cent cinquante personnes. Mais La Fayette, instruit de ce mouvement, avait fait occuper les barrières par de forts détachemens de la garde nationale. La députation fut arrêtée.

Saint-Huruge, forcé de revenir sur ses pas, se dirigea alors vers l'hôtel-de-ville, où Bailly et La Fayette lui firent sentir la nécessité de calmer les esprits. Alors le rassemblement se dissipa ; mais ces émeutes s'étant renouvelés, les représentans de la commune prirent, le 1er. septembre, un arrêté par lequel le commandant général était chargé de déployer tous les forces de la commune contre les perturbateurs du repos public. Le projet de se rendre en armes à Versailles et d'amener le roi à Paris ne fut pourtant pas abandonné ; on en retarda seulement l'exécution.

Cependant les craintes de la cour augmentaient. On résolut, pour mettre la famille royale et l'assemblée nationale à l'abri de toute entreprise, de renforcer la garnison de Versailles, d'un régiment de ligne ; afin de moins exciter les soupçons, on appela le régiment de Flandre , dont le colonel, M. de Lusignan , penchait pour le parti dominant , et l'on fit demander cette troupe auxiliaire par la municipalité de Versailles. Toutes ces précautions ne purent rassurer les esprits déjà préoccupés par la crainte d'une contre révolution qu'on signalait toujours comme imminente.

Le régiment de Flandre arriva à Versailles le 23 septembre. « L'entrée de ce régiment, dit Rabaut Saint-Étienne, répandit à Versailles une consternation générale; il marchait avec du canon et des provisions de guerre , et cet aspect militaire fit beaucoup d'impression sur les députés. Mirabeau même dénonça hautement cette mesure des minisres ; mais ceux-là se retranchaient prudemment derrière la demande de la municipalité. »

Les bruits qui avaient couru relativement au plan d'une contre révolution parurent bientôt confirmés par l'accueil distingué fait par la cour aux officiers de ce régiment , qui furent tous, contre l'usage, invités au jeu de la Reine. On remarqua aussi qu'au lieu de renvoyer, comme c'était la coutume, les gardes-du-corps qui finissaient leur semestre, on les retenait; en sorte que, par leur réunion avec ceux qui arrivaient pour le nouveau service, la force ordinaire se trouvait doublée. Dès-lors l'inquiétude ne connut plus de bornes; une irritation violente, une sourde fermentation, symptômes ordinaires des soulèvemens populaires, se manifestèrent de toutes parts.

Le 1er. octobre, les gardes-du-corps, selon l'usage militaire, voulurent donnaient un repas aux officiers du régiment de Flandre; ils invitèrent aussi à ce repas, les officiers des cent-suisses, des gardes-suisses, des chasseurs des trois évêchés et de la milice bourgeoise. La grande salle de l'opéra fut demandée au roi, qui l'accorda, et l'on y dressa une table de trois cents couverts.

Tout se passa, pendant le premier service, avec une sorte de décence. Une foule de curieux, attirés par la nouveauté du spectacle, remplissait les loges. La musique des gardes-du-corps et du régiment de Flandre fit entendre à p'usieurs reprises l'air

O Richard ! ô mon roi !
L'univers t'abandonne.

Cet air qui tendait à caractériser l'esprit de la fête, ne pouvait manquer de déplaire aux patriotes ; mais ce ne fut pas la seule faute que le parti de la cour commit en cette occasion. Les grenadiers de Flandre ayant paru à l'amphithéâtre, le duc de Villeroi les fit entrer dans l'intérieur du fer-à-cheval ; cette faveur, accordée aux grenadiers de Flandre, fut rendue commune aux grenadiers des suisses et aux chasseurs des trois évêchés. Les santés du Roi, de la Reine, du Dauphin et de la famille royale furent portées et accueillies avec acclamations ; celle de la nation fut omise selon les uns, proposée et rejetée, selon un grand nombre de témoins, par les gardes-du-corps.

La fête jusque-là n'avait qu'un caractère privé : ce qu'on y pouvait reprendre d'inconvenant, ne compromettait que des individus. La Cour voulut prendre sa part du blâme ou de succès. Le Roi arrivait de la chasse ; la Reine lui vante la gaîté de cette fête, et le décide après quelques légers refus, à se rendre au milieu de ces convives que sa présence ne put qu'exalter davantage. Le Roi et la Reine se placèrent d'abord dans une loge grillée ; mais ne pouvant résister aux témoignages d'amour des assistans, le Roi descend de sa loge, et entre dans l'intérieur du fer-à-cheval ; la Reine le suit portant le Dauphin dans ses bras, et fait le tour de la table au milieu des acclamations les plus bruyantes ; les gardes-du-corps, les officiers, les soldats, le verre d'une main, l'épée nue de l'autre, portent de nouveau la santé des augustes personnages. Le Roi et la Reine l'acceptent et se retirent.

Jusque-là la fête n'avait été animée que par une gaîté un peu libre, il est vrai, mais encore décente. Bientôt, les vins,

distribués avec profusion , échauffent toutes les têtes ; la musique exécute différens
morceaux ; les trompettes sonnent la charge ; les convives chancelans , escaladent les
loges , et donnent à la fois un spectacle
alarmant et ridicule. Une voix s'écrie :
« A bas la cocarde tricolore ! vive la cocarde blanche ! c'est la bonne. » Plusieurs
personnes jettent leurs cocardes et en ar-
borent de blanches. On se porte en foule
à la suite du Roi et de la Reine. Les gardes-
du-corps , les officiers , les soldats s'aban-
donnent , dans la cour de marbre , à mille
extravagances. Perceval , aide-de-camp du
comte de d'Esiaing , escalade le balcon de
l'appartement de Louis XVI , s'empare
des postes intérieurs et s'écrie : « Ils sont à
nous , qu'on nous appelle désormais gardes
royales. »

Il se pare alors d'une cocarde blanche ,
aux applaudissemens des spectateurs qui
l'imitent. Un grenadier de Flandre arrive
par la même route au balcon , et Perceval
le décore d'une croix de Limbourg , qu'il
portait à sa boutonnière. Un dragon , moins

heureux, veut se tuer pour n'avoir pu l'imiter et mériter la même décoration. Pendant ce temps, des dames de la cour coupent des rubans blancs, qu'elles distribuent, et dont chacun se pare aux cris mille fois répétés de *vive le Roi ! vive la Reine !* A ces cris se mêlent quelques imprécations contre l'assemblée nationale.

Tandis que cela se passait, un chasseur des trois évêchés était resté dans le passage qui conduit de la terrasse au grand escalier ; étranger à cette ivresse générale, et le front appuyé sur le pommeau de son son sabre nu, il paraissait plongé dans une sombre douleur. Miomandre, ancien officier au régiment de Royal-Turenne , passe à côté de lui ; le chasseur le saisit par le poignet, le regarde avec des yeux égarés, et s'écrie : « Je suis bien malheureux ! — Avez-vous quelque chagrin domestique ? demande Miomandre ; avez-vous besoin de secours ? — Je n'ai besoin que de la mort ! répond le chasseur avec l'accent du plus plus profond désespoir ; j'ai sur le cœur un poids qui m'étouffe ! —

II.   9

Vous pouvez vous ouvrir à moi, continue Miomandre, je ferai mon possible pour vous servir. » Le chasseur veut parler; des larmes et des sanglots arrétent la parole préte à s'échapper de ses lèvres; il regarde autour de lui d'un air inquiet, et prononce ces mots sans aucune liaison : « Notre bon Roi !.... cette brave maison du Roi ! je suis un grand gueux ! les monstres ! qu'exigent-ils de moi !..... — Qui ? reprend vivement Miomandre. — Ces scélérats, poursuit le chasseur. » On s'attroupe autour de lui; il devient furieux, et tourne contre son cœur la pointe de son sabre. On le désarme ; mais on ne peut l'empêcher de se blesser; et son sang, qui coule, redouble sa fureur. On le saisit; on le transporte au corps-de-garde ; on l'étend sur une botte de paille, et un abattement total succède à cet état de crise, jusqu'à ce que, pour couronner l'inexplicable bizarrerie de toute cette aventure, ses camarades arrivent, et le tuent à coups de talons de bottes en s'écriant : « C'est un mauvais sujet; nous voulons nous eu défaire. » Miomandre monte aussitôt au château, et raconte cet étrange événement au duc de Villeroi et au comte de Montmorenci, colouel du régiment des Trois-Évêchés. On s'en occupe un instant ; mais ni le duc de Villeroi, ni le comte de Montmorenci, ni Miomandre lui-même ne font de perquisition, elle reste euveloppée d'un mystère impénétrable, et chacun expliquaut cette aventure à sa manière, en fait une arme contre ses adversaires ; bientôt elle est oubliée, et se perd dans les conjectures vagues de différens partis.

Le lendemain, les abondans débris de ce repas, et environ quatre cents bouteilles de vin, restées pleines, servirent à composer un déjeuner qui se donna à l'hôtel des gardes-du-corps. Les convives se livrèrent avec encore plus d'emportement à toutes les extravagances de l'ivresse ; il y eut plus de désordre, plus de protestations de dévouement à la famille royale, plus d'imprécations contre l'assemblée et d'outrages envers la cocarde tricolore.

Des femmes et des demoiselles, attachées à la reine et aux princesses, s'établirent dans la galerie du château, et distribuèrent des cocardes blanches en disant : « conservez-les bien; celle-ci est la seule bonne, la seule triomphante. »

Le lieutenant-colonel de la milice de Versailles s'éleva contre cette distribution, et il en résulta une vive altercation entre lui et un chevalier de St.-Louis. La porte des appartemens fut refusée à un autre chevalier parce qu'il était revêtu de l'uniforme national; et un officier des gardes dit à un chef de bataillon : « Vous avez bien peu de cœur de porter cet habit. »

L'assemblée nationale semblait mépriser ces ridicules bravades, et continuait paisiblement ses travaux; mais deux jours après, Pétion, interrompant une discussion ouverte sur une adresse à présenter au Roi : « Depuis long-temps, s'écrie-t-il, la liberté nationale est menacée ; je ne parle pas des cris de *vive le roi* portés jusqu'aux nues dans cette orgie, ils ont retenti dans cette assemblée, ils retentissent dans tous les cœurs; mais quelles imprécations n'y a-t-on pas proférées contre l'assemblée nationale ! doit-elle être insultée dans son sanctuaire. »

« La cocarde nationale, ajoute Grégoire, a été foulée aux pieds dans une orgie qu'on appelle fête militaire ; je demande que cette orgie soit dénoncée au comité des recherches. »

Mirabeau prend alors la parole : « On vient, dit-il, d'élever, peut-être avec plus de zèle que de prévoyance, une question de circonstance sur laquelle je crois devoir dire un mot. Je n'entrerai pas dans les détails auxquels on peut croire comme homme, et non comme membre du pouvoir souverain. Il s'est passé des jours tumultueux, l'on a vu des faits coupables; mais est-il de la prudence de les révéler ? le seul moyen que l'on doive prendre sur cet objet, c'est de requérir que le pouvoir exécutif tienne les corps et les chefs de corps dans la discipline exacte qu'ils doivent surtout observer dans le lieu où résident le monarque et le *souverain ;* qu'il défende surtout ces festins, prétendus fraternels , qui insultent à la misère publique , et jettent des étincelles sur des matériaux rassemblés et trop combustibles. »

Mirabeau n'avait pas accoutumé l'assemblée à tant de modération ; elle fut taxée de crainte par ses adversaires , et un membre du côté droit (de Monspey) demanda que Pétion fût tenu de rédiger par écrit, de signer et de déposer sur le bureau la dénonciation qu'il avait faite relativement à la fête militaire des gardes-du-corps. Alors Mirabeau remonte précipitamment à la tribune. « Je commence par déclarer, dit-il, que je regarde comme souverainement impolitique la dénonciation qui vient d'être provoquée. Cependant, si l'on persiste à la demander, je suis prêt, moi, à fournir tous les détails et à les signer ; mais auparavant, je demande que cette assemblée déclare que la personne du Roi est *seule* inviolable, et que tous les autres individus de l'état , quels qu'ils soient, sont également sujets et responsables devant la loi. »

Cette phrase était évidemment dirigée contre la Reine, soupçonnée d'être à la tête du projet de contre-révolution qui bouleversait toutes les têtes ; soupçon que elle avait elle-même imprudemment contribué à accréditer en effet. Le lendemain du fatal repas, une députation de la garde nationale de Versailles, à laquelle elle venait de donner des drapeaux, étant venue la remercier, elle avait répondu : « Je suis fort aise d'avoir donné des drapeaux à la garde nationale de Versailles ; la nation et l'armée doivent être attachées au Roi comme nous le leur sommes nous-mêmes. *J'ai été enchantée de la journée de jeudi.* » Ce jeudi était le jour du repas.

Tout les gens sensés blamèrent la puérile inconséquence de la cour ; mais on ne pouvait prévoir les suites de ces fêtes imprudentes, suites terribles qui devaient hâter la chute d'un trône que d'imprudens amis ébranlaient en voulant le consolider.

CHAPITRE V.

SOMMAIRE : Emeute.—Le peuple de Paris se porte à Versailles.—Voyage du roi à Paris.

5 et 6 Octobre 1789.

Lorsque la nouvelle des fêtes de la cour arriva à Paris, on ne put croire d'abord à cette étonnante ivresse qui hasardait de pareilles scènes dans un semblable moment, qui se jouait ainsi des sentimens de tout un peuple, et ne craignait pas de braver une population affamée ; mais bientôt la verité tout entière est connue, et comme si elle ne suffisait pas pour monter les têtes, on voit des partisans de la cour se promener publiquement avec la cocarde noire. Que l'on se figure l'effet que de tels symptômes produisirent sur un peuple souffrant, agité, prêt à se soulever ! Les places furent bientôt couvertes de grou-

pes ; des harangues séditieuses propagè-
rent l'incendie. L'idée fixe alors était d'a-
mener le roi à Paris ; soit que l'on eût formé le projet de le garder à vue , soit qu'on
espérât lui dessiller les yeux en le séparant
de sa cour.

Le 5 octobre , à 9 heures du matin, les
marchandes du faubourg Saint-Antoine
s'assemblent sur la place de Grève ; on
croit remarquer dans le nombre des hommes travestis. Le défaut absolu de pain
sert de prétexte à cet attroupement , qui
est bientôt grossi d'une foule d'hommes
armés de piques, de haches et de marteaux.
La force publique essaie de le dissiper ,
mais sans succès.

« Le temps presse ! hâtons-nous ! s'écriait-
on, et s'il faut en venir aux mains avec les
conjurés, n'attendons pas que la faim ait
énervé nos bras, et desséché le peu de sang
qui coule dans nos veines. » De tous côtés
on criait : *Du pain ! du pain ! à Versailles !*
En même temps, une jeune fille du quartier Saint-Eustache entre dans un corps
de garde , y prend un tambour, et , par-

courant les rues de ce quartier en battant la caisse, elle rassemble une grande quantité de femmes de la halle qui vont à l'hôtel-de-ville rejoindre celles du faubourg Saint-Antoine.

Cependant le tocsin sonnait, la générale battait; en vain la garde à cheval s'apprêtait à disputer l'entrée de l'hôtel-de-ville; cette garde chargée par quatre à cinq cents femmes est repoussée jusqu'à la rue du mouton. Restait un fort détachement de milice nationale, dont le front hérissé de baïonnettes, semblait devoir opposer un obstacle insurmontable. Mais ces femmes ramassent des pierres, et assaillent les soldats, qui sont bientôt forcés; alors elles entrent dans l'intérieur de l'hôtel, dont elles parcourent avec audace tous les appartemens; les unes apostrophent les représentans de la commune; les autres chantent, rient, dansent dans la cour, et se livrent à tous les excès du délire.

Pendant ce temps, la foule des femmes qui étaient restées en-dehors avaient vu la porte de l'hôtel-de-ville se refermer sur celles qui étaient entrées, et la milice reformer ses rangs ; aussitôt elles crient à la trahison, courent avec fureur à la porte située sous l'arcade Saint-Jean', et l'enfoncent. Bientôt le dépôt des armes est forcé ; huit cents fusils sont enlevés ; l'argent et les munitions pillés. Toutes les salles retentissent de menaces d'incendies, de vociférations et de cris de mort dirigés contre La Fayette et Bailli.

Un détachement de cette troupe escalade le béfroi de l'horloge, tombe sur l'abbé Lefèvre, cet intrépide représentant de la commune qui, chargé de la distribution des poudres, avait bravé tous les dangers avec tant de sang froid et de courage. On lui passe une corde au cou, on l'accroche à un morceau de bois, où il éxpirait sans une femme qui coupa la corde et lui sauva la vie. Une autre scène du même genre se passait sur un autre point de la place. Un malheureux boulanger, qui, ce jour-là, avait vendu un pain de deux livres pesant sept onces au-dessous du poids, tombe entre les mains de la foule qui veut le pendre au réverbère ; il n'échappe à la mort que par le généreux secours du major de la garde nationale, Gouvion.

Maillard, élu par acclamations capitaine et orateur de cette armée de femmes, prend un tambour, et réunit ses phalanges autour de lui. Tout-à-coup, du milieu de la foule, s'élèvent ces cris, que mille voix répètent de concert : « *A Versailles ! à Versailles ! du pain !...* » En même temps, les femmes courent chercher les volontaires de la Bastille, arrêtent des voitures, et enlèvent deux canons qu'elles y déposent ; en même temps des détachemens partent pour rassembler toutes les femmes qu'on rencontrera ; le rendez-vous est donné sur la place Louis XV. La résolution était déjà prise d'aller forcer l'arsenal pour se munir d'armes ; mais Maillard parvint à dissuader cette troupe hardie, en lui insinuant que la plainte seule convient aux femmes, et qu'elles obtiendront plus aisément leurs demandes en se présentant désarmées. Ces

remontrances changèrent leur détermination; et elles abandonnèrent même les armes qu'elles avaient entre les mains.

A la nouvelle de la sédition, La Fayette,
commandant général, s'était porté à l'hôtel-de-ville, et faisait de nombreux et vains
efforts pour la calmer. La place de Grève
se remplissait de bataillons de gardes nationales, qui, applaudis par les spectateurs
s'écriaient : « Ce ne sont pas des applaudissemens que nous demandons; la nation
est insultée, prenez vos armes et venez
avec nous. »

Les dispositions de ces braves gens
étaient rassurantes; mais les anciens gardes françaises, formant les compagnies du
centre, montraient au contraire un esprit
de sédition peu rassurant. Les instigations
de quelques volontaires de la Bastille leur
avaient fait regarder leur inaction comme
un déshonneur, et l'insubordination commençait à régner dans les rangs.

La Fayette était occupé de l'expédition
de dépêches destinées à instruire les ministres et l'assemblée de la fermentation

de la capitale. Tout-à-coup une députation de gardes françaises se présente devant lui ; et celui d'entre eux, chargé de porter la parole, s'exprime ainsi : « Mon général, nous sommes députés par les six compagnies de grenadiers : nous ne vous croyons pas un traître ; mais nous croyons que le gouvernement vous trahit. Il est temps que tout cela finisse ; nous ne pouvons tourner nos baïonnettes contre des femmes qui nous demandent du pain.... Le peuple est malheureux ; la source du mal est à Versailles ; il faut aller chercher le roi et l'amener à Paris. Si le roi est trop faible pour porter sa couronne, qu'il la dépose. Nous couronnerons son fils ; ou nommera un conseil de régence, et tout ira mieux.

La Fayette, surpris, se récrie contre ces propositions, et dit : « Vous voulez donc faire la guerre au Roi , et le forcer à nous abandonner ? — Mon général, nous en serions bien fâchés ; car nous l'aimons beaucoup : il ne nous quittera pas ! et s'il nous quittait , nous avons le Dauphin. »

Le général descend alors sur la place ,

parcourt les rangs, essaie de les ramener à des vues plus modérées Il ne peut y parvenir; le peuple inonde la place , et crie avec les grenadiers : « *A Versailles ! à Versailles ! allons chercher le Roi !* » puis il ajoute : « *Que le général marche à notre tête , ou qu'il périsse !....* » La Fayette cependant n'osait pas prendre sur lui une détermination vigoureuse : il fit instruire les représentans de la commune du péril où il se trouvait , et attendit leur décision. Elle arriva bientôt; elle portait que : « vu les circonstances et le désir du peuple, et sur la représentation de M. le commandant-général qu'il est impossible de s'y refuser, la municipalité autorise M. le commandant-général et même lui ordonne de se transporter sur – le – champ à Versailles. »

Alors l'armée se mit en marche. De toutes parts arrivaient des troupes d'hommes armés de piques et de bâtons, qui venaient s'incorporer dans ses rangs.

Il était quatre heures du soir. Un temps

pluvieux ajoutait encore une teinte plus sombre à cet effrayant tableau.

Dès le midi, la nouvelle de la marche d'un attroupement de femmes était parvenue à Versailles. Aussitôt on prit toutes les mesures nécessitées par cet événement; de St.-Priest envoya le marquis de Cubière pour en donner avis au Roi, qui chassait alors aux environs de Meudon. On fit mettre en bataille les gardes-du-corps, le régiment de Flandre, les chasseurs des trois évêchés, et plusieurs compagnies de la garde nationale; les grilles du château furent fermées. Le Roi, en recevant l'avis de cette émeute, dit : « On me mande qu'une troupe de femmes de Paris se rend à Versailles pour me demander du pain. Hélas ! ne savent-elles pas que je partagerais avec elles le dernier morceau de pain qui me resterait; allons les trouver. » Vainement les personnes de sa suite, effrayées, le conjurèrent de se retirer au château de Rambouillet : « Eh quoi, Messieurs, dit le monarque, fuirons-nous de-

ARRESTATION DU ROI A VARENNES

vant des femmes. » Un vieux chevalier de Saint-Louis, M. de la Dévèse, se jette alors à ses pieds ; il assure qu'il a vu ces femmes, et qu'elles ne demandent que du pain, et le conjure de ne pas avoir peur. « Peur, monsieur, répond le roi, jamais je n'ai eu peur, et il met son cheval au galop pour Versailles.

Vers cinq heures et demie du soir, cette troupe de femmes entra dans Versailles. Sa première démarche fut de se rendre à la salle de l'assemblée.

Depuis plusieurs heures on avait été informé de leur arrivée. Mirabeau, prévenu sans doute par la cour avec qui ses intelligences n'étaient presque plus un mystère, s'était approché, pendant le cours d'une discussion, du président Mounier, et lui avait dit à voix basse : « M. le président, quarante mille hommes armés arrivent de Paris, pressez la délibération ; levez la séance ; feignez de vous trouver mal, et courez donner avis au roi du danger qui le menace. — Je ne presse jamais la délibération, avait répondu froidement Mounier; je trouve qu'on ne la presse que trop souvent. — Mais, M. le président, ces qua-rante mille hommes..... — Tant mieux; ils n'ont qu'à nous tuer tous; mais tous, en-tendez-vous bien; les affaires publiques en iront mieux. — M. le président, le mot est joli, avait dit Mirabeau en se retirant.»

Maillard n'avait permis qu'à douze fem-mes seulement de se présenter avec lui à la barre; mais il en entre quinze. Maillard, revêtu d'un mauvais habit noir, s'avance l'épée nue dans la main à la barre de l'as-semblée. « Le peuple manque de pain, dit; il est au désespoir; il a le bras levé; il se portera sûrement à quelques excès. Nous demandons la permission de fouiller dans les maisons suspectées de recéler de la farine. C'est à l'assemblée d'épargner l'effusion du sang; mais l'assemblée ren-ferme dans son sein des ennemis du peu-ple; ils sont cause de la famine. Des hom-mes pervers donnent de l'argent et des bil-lets de caisse aux meuniers, afin de les en-gager à ne point moudre. Le peuple a la preuve de ces faits; il sait le nom de ses

ennemis. Nous ne voulons pas le dire parce
que nous ne voulons pas être des dénon-
ciateurs. — Nommez-les, s'écrie-t-on. »
Maillard refuse de répondre. Puis il dit :
« Nous voulons le renvoi du régiment de
Flandre, et une satisfaction de l'insulte
faite à la cocarde nationale. Nous oblige-
rons tout le monde à la porter. »

Plus d'une heure se passe au milieu d'un
tumulte toujours croissant par l'arrivée de
nouvelles femmes. Il fallait trouver un
moyen d'échapper à ce peuple affamé ; on
convient d'envoyer auprès du Roi une députation de l'assemblée, chargée de lui exposer les plaintes et les souffrances des
habitans de Paris. Aussitôt toutes les femmes se lèvent, et demandent à en faire
partie ; et ce n'est pas sans peine qu'on
parvient à composer avec elles. On convient qu'elles seront introduites, au nombre de douze seulement, chez le Roi. Aussitôt la députation part pour le château ;
et les femmes prennent le bras des députés.

Le Roi permit l'introduction de ces
douze femmes. Conduites d'abord chez le

ministre de la guerre (de Saint-Priest), elles demandent , d'une voix unanime , qu'on leur donne du pain: « Quand vous n'aviez qu'un Roi, leur répond-il, vous ne manquiez pas de pain; maintenant que vous en avez douze cents, dites-leur qu'ils vous en donnent. » Elles passèrent delà chez le Roi; mais, stupéfaites de se trouver dans la demeure royale, et éblouies de la magnificence des appartemens , émues peut-être aussi par la bienveillance et l'aménité peintes sur la figure auguste du monarque, elles ne purent que lui réitérer la demande qu'elles venaient de faire au ministre, sans songer aux autres prétendus griefs dont elles voulaient lui demander *raison*. Le Roi, touché du tableau de leur misère, leur répondit: « Vous connaissez mon cœur; je vais ordonner de rassembler tout le pain qui est à Versailles; je vous le ferai donner. »

Les femmes parurent sensibles à ces marques de bonté. Une d'entre elles, nommée *Louise Cabry*, jeune bouquetière, âgée de dix-sept ans, qui avait porté la parole

pour ses compagnes, fut tellement atten-
drie aux témoignages de bonté du monarque qu'elle s'évanouit. On lui prodigua
tous les secours ; le Roi même lui marqua
le plus vif intérêt. Revenue à elle, la jeune
fille voulut baiser la main du monarque,
qui, s'y opposant avec douceur, l'embrassa.
Cette dernière marque de bonté acheva de
lui gagner ces femmes, qui, enchantées de
leur réception, sortirent du château en
criant: « *Vive le Roi !* »

S'il n'y avait eu en ce jour qu'une légère
tempête populaire, elle se fût assoupie ;
mais il y avait parmi cette multitude
soulevée une instigation secrète et un esprit de révolte, qui ne pouvaient être
conjurés par ce retour à de meilleurs sentimens et à la raison que témoignait la députation. On s'écria que la députation avait
été corrompue pour représenter le Roi
sous des couleurs favorables. Le Roi alors
leur fit remettre un ordre par écrit pour
faire venir des grains de Lagny et de Senlis,
et lever tous les obstacles qui pouvaient

s'opposer à l'approvisionnement de la capitale.

Malgré cette bienveillance et ces témoignages non équivoques de l'intérêt que Louis XVI portait à ses peuples, le rassemblement parisien ne se montrait point encore satisfait. Le tumulte augmentait ; toute la place retentissait d'injures et de vociférations. La Reine entendait sous ses fenêtres la foule la charger de malédictions, et demander sa tête. Mounier, président de l'assemblée, et plusieurs autres députés ne quittaient point le Roi.

Les préparatifs de défense, ou plutôt les mesures de sûreté qui avaient été prises contre l'attaque qu'on redoutait, étaient trop insuffisans pour que l'on ne tentât pas, avant d'employer la force, toutes les voies possibles de conciliation. Une partie des gardes-du-corps, avec le régiment de Flandre, étant rangée sur la place, tandis que l'autre partie, placée derrière la grille, défendait l'entrée du château ; les gardes suisses occupaient le devant de leur caserne.

Quant au régiment de Flandre, dès qu'on avait demandé aux soldats s'ils tireraient sur le peuple, ceux-ci, mettant leurs baguettes dans le canon de leurs fusils, avaient montré qu'ils n'étaient pas chargés : « Nous avons bu, disaient-ils, le vin des gardes-du-corps ; mais nous n'en sommes pas moins à la nation. » La garde nationale de Versailles ne paraissait pas mieux disposée pour la cour ; elle avait placé deux pièces de canon, qui, prenant en flanc le gardes-du-corps, annonçaient assez ses intentions.

Les deux partis étaient en présence ; les gardes-du-corps, peu nombreux, sans chercher à engager une lutte qui pouvait devenir funeste, attendaient d'un œil calme les attaques de leurs adversaires ; ceux-ci, de leur côté ne désiraient que le moment où une luste décisive s'engagerait. Tout-à-coup, un militaire parisien, nommé Bormont, à la tête d'un peloton de femmes, veut pénétrer dans la cour de château. Les gardes-de-corps s'y opposent, et le séparent de la troupe des femmes. Alors ce militaire, poursuivi, se réfugie dans les rangs des gardes-du-corps. Un lieutenant de ces gardes, le marquis de Savonières, et deux autres officiers le poursuivent, en lui donnant des coups de plat de sabre. Le militaire parait les coups avec son arme, et fuyant derrière les rangs criait qu'on voulait l'assassiner, et appelait la milice de Versailles à son secours. A ses cris, un garde national, nommé Charpentier, tire un coup de fusil sur le marquis, et lui casse un bras. Aussitôt le combat s'engage, et la mêlée devient horrible ; les gardes-du-corps sont assaillis d'une grêle de pierres et de coups de fusil ; la garde nationale de Versailles fait avancer ses deux canons trois autres pièces, servies par les habitans du faubourg Saint-Antoine, sont également pointées ; mais la pluie ne permet pas de les décharger : ce fut le salut des gardes-du-corps. Fidèles à l'ordre qu'ils avaient reçu de ménager le peuple, ils abandonnèrent la défense des grilles du château pour se ranger sur la terrasse de l'Orangerie, où les femmes les poursuivirent encore.

A huit heures du soir, ils rentrèrent à leur hôtel, après avoir essuyé de la milice nationale de Versailles, une décharge qui en blessa plusieurs. Les femmes se mirent alors à parcourir tous les lieux qui pouvaient recéler quelques gardes-du-corps isolés. L'un d'eux, M. Moucheton, tomba entre leurs mains ; on se disposait à lui couper la tête, lorsqu'un officier de la garde nationale de Versailles , M. Debaleine , parvint à suspendre la fureur populaire en proposant de le juger dans les formes. L'infortuné fut de suite condamné ; mais ce court délai avait suffi au généreux garde national pour favoriser son évasion, qu'il aurait payée de sa vie sans la courageuse résistance de quelques-uns de ses compagnons.

Pendant cet affreux tumulte, le trouble et l'agitation régnaient dans le palais. Un moment on pensa à faire évader la Reine et ses enfans pour les conduire à Rambouillet. Des voitures chargées d'effets se présentèrent pour sortir par la porte de l'orangerie ; mais un détachement qui gardait ce poste les fit rentrer et ferma la grille. Il fallut abandonner le projet d'évasion. Dans cette extrémité, la Roi prend le résolution de s'entourer de l'assemblée nationale. Mounier, qui n'avait point quitté le monarque, retourne, avec Malouet, Lally-Tolendal, Virieu, l'évêque de Langres, Henry Longuève, faire part aux députés de l'intention que le Roi a manifestée. A leur arrivée dans la salle, le spectacle le plus extraordiaire vint s'offrir à leurs regards ; des femmes, des hommes du peuple y avaient pénétré ; les uns se tenaient assis, buvant ou mangeant ; d'autres insultaient les députés, et criaient qu'il fallait taxer le pain à six liards et la viande à huit sous ; d'autres enfin, couchés sur les bancs, s'étaient endormis du sommeil de l'ivresse ; une femme occupait le fauteuil du président, et la salle présentait l'aspect d'une taverne devenue le théâtre d'une orgie *dégoûtante*. L'arrivée du président n'apporta aucun changement à cette scène hideuse. La voix des députés était couverte par les cris de la populace ; il n'était plus possible de continuer les délibérations ; Mirabeau seul parvint à se faire écouter : « Je voudrais savoir , leur demande-t-il d'une voix sévère, pourquoi l'on s'avise de venir troubler nos séances. » On lui répond par des bravos et des applaudissemens ; mais le tumulte augmentant toujours, le président se contente alors d'emmener avec lui au château tous les députés qu'il peut rassembler.

Il était alors environ minuit. La Fayette venait d'arriver. Quand les députés furent introduits en présence du monarque , ce prince leur dit : « Je vous ai fait appeler , parce que je voulais m'environner des représentans de la nation , et m'aider de leurs conseils dans cette circonstance difficile ; mais M. de Lafayette est arrivé avant vous, et je l'ai déjà vu. Retournez à l'assemblée nationale, et assurez-la que je n'ai jamais pensé à me séparer d'elle, et que je ne m'en séparerai jamais. »

Avant d'entrer à Versailles , La Fayette avait fait prêter à ses soldats le serment d'être fidèles à la nation , à la loi et au roi ; et ce serment lui avait inspiré la plus grande confiance dans ses troupes. Le roi avait d'abord reçu le général avec froideur ; mais un entretien secret qu'il avait eu avec lui lui avait fait partager sa sécurité. Il avait même permis aux gardes françaises de reprendre leur service auprès de sa personne, et pour enlever tout sujet de discorde , il avait fait annoncer à la multitude que le lendemain les gardes-du-corps prêteraient le serment civique , et prendraient la cocarde nationale.

Du cabinet du Roi, La Fayette se rendit à l'assemblée , dont il calma les inquiétudes ; ensuite il caserna ses troupes, et plaça quelques postes pour veiller à la sûreté du château ; il se retira enfin à l'hôtel de Noailles pour prendre quelque repos, bien nécessaire après une journée aussi pénible.

Tout paraissait tranquille. Une partie de la multitude bivouaquait sur la place d'armes.

A six heures du matin, les femmes de Paris, et quelques uns des hommes qui les avaient accompagnées, paraissent brusquement dans les rues de Versailles. Une des grilles du château, donnant dans la cour des Princes, était entr'ouverte, ils pénètrent par cette issue dans le jardin, et de là se dirigent vers l'escalier du château qui conduisait aux appartemens de la Reine. La contenance ferme de deux gardes du corps, en faction au pied de cet escalier, maintient ces furieux pendant quelques instans; mais, attaqués par une foule toujours croissante, ils sont bientôt forcés. L'un d'eux, Deshutes, succombe sous leurs coups; l'autre, Moreau, après s'être long-temps défendu, parvient à échaper.

Pendant que cela se passait, une autre troupe d'hommes et de femmes montaient le grand escalier du château en faisant entendre des cris menaçans. Un garde du corps, Miomandre, suivi de quelques autres va au devant de cette troupe furieuse, et s'écrie: «mes amis, vous aimez votre Roi, et vous venez l'inquiéter jusque dans son palais. » La troupe, sans répondre, continue sa marche. Les gardes du corps se replient dans la salle du Roi; on les y poursuit, on enfonce un panneau de la porte derrière laquelle ils se sont retranchés.

Une des femmes de la Reine, entendant beaucoup de tumulte, entra dans la chambre de cette princesse pour la réveiller; puis, revenant vers l'endroit d'où partait le bruit, elle ouvrit la porte de l'antichambre qui donne dans la salle des gardes, et vit un garde du corps tenant son fusil en travers de la porte, et qui était assailli par une multitude qui lui portaient des coups. Son visage était déjà couvert de sang; il se retourna, et lui cria : *Madame, sauvez la Reine.* Elle ferma aussitôt la porte sur cette malheureuse victime de son devoir, poussa le grand verrou, et prit la même précaution en sortant de la pièce suivante; et, après être arrivée à la chambre de la Reine, elle lui cria : *Sortez du lit, madame, ne vous habillez pas; sauvez-vous chez le Roi.* La Reine, épouventée, se jette hors du lit, on lui passe un jupon sans le nouer, et ses deux dames la conduisent vers l'œil-de-bœuf. Une porte du cabinet de toilette de la Reine, qui tenait à cette pièce, n'était jamais fermée que de son côté; mais, par malheur, elle se trouva, cette fois, fermée de l'autre côté. On frappe à coups redoublés; un domestique vient ouvrir; la Reine entre dans la chambre de Louis XVI et ne l'y trouve pas.

Alarmé pour les jours de la Reine, il s'était rendu chez elle par un passage dérobé; six de ses gardes défendaient encore l'entrée de l'appartement; ils n'eurent que le temps d'emmener le monarque jusqu'à l'œil-de-beuf, et de s'y baricader.

Cependant plusieurs députés, apprenant ce qui ce passait étaient accourus au château : de Vaudreuil, l'un d'eux, perce la foule qui le menace, et interpellant les gardes françaises qu'il rencontre, il leur reproche d'abandonner à la fureur des assassins le Roi, sa famille et ses fidèles serviteurs. Le cri de l'honneur se fait enten-

dre au cœur de ces soldats un moment égarés, ils suivent de Vaudreuil. Arrivé à
l'appartement où les gardes, en petit nombre, s'étaient retranchés, ils frappent : Qui
êtes-vous ? leur cre-t-on de l'intérieur.
—Grenadiers de la garde nationale, ré-
pondent-ils. » La porte s'ouvre ; M. de
Chevanne se présente : « Messieurs, leur
dit-il, s'il vous f. it une victime, sacri-
fiez-moi. Je suis un des commandans du
poste ; c'est à moi qu'appartient le bonheur de mourir le premier pour mon Roi ;
mais au moins sachez le respecter, ce bon
Roi. » Un des officiers des gardes françaises, Gontrant, se jette à son cou et jure
de protéger, au péril de sa vie, les jours
de la famille royale et de ses fidèles défenseurs. Ses compagnons font le même serment ; l'enthousiasme est général ; les gardes françaises, en signe d'union, échan-
gent leurs armes et leurs bonnets contre
les armes et les chapeaux des gardes-du-
corps.

La Fayette instruit de l'irruption que
la populace venait de faire dans le châ-

teau, s'empressait de son côté de donner ordre aux grenadiers de son premier postes commandés par Cadignan, ayant avec lui Catho et son sergent-major, de courir au château. Une compagnie de volontaires reçut le même ordre. En même temps, sautant sur le premier cheval qu'il rencontra, il courut dégager des mains des furieux dix-sept gardes du corps qui allaient être égorgés.

« Grenadiers, dit-il aux gardes françaises qu'il rencontra, souffrirez vous que ces braves gens soient assassinés ? J'ai donné au roi ma parole qu'ils seraient épargnés ; si vous me faites manquer à l'honneur, je ne suis plus digne d'être votre général ; sabrez. » Électrisés par ces paroles, les soldats s'élancèrent sur les meurtriers, et les gardes furent sauvés.

En arrivant au château, La Fayette trouva les appartemens occupés, selon ses ordres, par la garde nationale ; déjà la foule indisciplinée avait pris la fuite. Les femmes revinrent alors à leur premier dessein, celui de ramener le roi à Paris.

II.

La Fayette lui-même, dans sa conférence de la veille, avait presque déterminé le monarque à cette démarche ; le vœu unanime du peuple rassemblé sous les fenêtres du château, manifesté par de bruyantes vociférations , hâta sa résolution à cet égard.

Vers les huit heures, quelques voix demandèrent la reine ; elle parut sur le balcon avec ses enfans , et un concert d'acclamations sortit des mêmes bouches qui, tout-à-l'heure, ne prononçaient son nom, que pour le vouer à l'exécration et à l'infamie.

Au milieu de ces applaudissemens, une voix se fait entendre : « Que le roi vienne à Paris ; c'est le seul moyen de procurer du pain à nos enfans. » Tout le peuple aussitôt répète le même cri. Au même instant le roi se présente au balcon et dit au public : « Mes amis, j'irai à Paris avec ma femme et mes enfans ; c'est à l'amour de mes bons et fidèles sujets que je confie ce que j'ai de plus précieux. On a calomnié mes gardes du corps , leur fidélité à la nation et à moi doit leur conserver l'estime de mon peuple. »

Le départ du roi et de la reine était résolu, l'assemblée nationale décréta qu'*elle était inséparable du roi pendant la présente session*, qu'*une* députation de cent membres accompagnerait le roi à Paris.

Le cortége se mit en marche à une heure. L'avant-garde, ou la bande des femmes et des hommes, partie la première de Versailles, arriva à Paris à trois heures. La plupart de ces femmes montées dans des fiacres, sur des chariots ou sur des trains de canons portaient comme de nobles dépouilles, des bandouillières, des pommes d'épées, des chapeaux pris sur les gardes du corps, et toutes criaient ; « Nous ne manquerons plus de pain ; nous amenons le *boulanger*, la *boulangère* et le petit *mitron*. » Elles étaient suivies de voitures d'approvisionnemens, décorées de feuillages, et escortées par les gardes françaises et les forts de la halle. Ce rassemblement présentait de loin l'aspect d'un convoi, au milieu de laquelle brillaient, par intervalles, quelques baïonnettes et quelques piques. Le régiment de Flandre, les cent-suisses et la garde nationale fermaient la marche; des salves de mousqueterie se succédaient par intervalles.

Sur les huit heures, la famille royale arriva à l'hôtel-de-ville. Dans la salle préparée à la hâte pour recevoir le monarque, s'élevait un trône, sur lequel devaient siéger avec lui les membres de sa famille. Des acclamations multipliées, auxquelles répondirent les cris du peuple qui partaient de la place de Grève, saluèrent à son entrée le roi citoyen qui, venait confier au peuple de la capitale le soin de ses jours et de ceux de sa famille. Moreau de Saint-Méry, président des représentans de la commune, lui adressa, au nom de la municipalité, le discours suivant :

« Sire, si jamais des Français pouvaient méconnaître la nécessité de chérir leur roi, nous attesterions les vertus de Louis XVI, et notre serment serait inviolable; mais un peuple chez lequel l'amour pour son prince est plutôt un besoin qu'un devoir, ne doit pas concevoir de doute sur sa fidélité. Vous venez même, Sire, de nous attacher plus fortement à vous, en adoptant cette constitution qui formera désormais un double lien entre le trône et la nation. Enfin, pour mettre le comble à nos vœux, vous venez, avec les objets les plus cheres à votre tendresse, habiter au milieu de nous. Nous n'oserons pas dire, quelle que soit la vivacité des sentimens dont nos cœurs sont remplis, que votre choix favorise ceux de vos sujets qui vous aiment le plus. Mais lorsqu'un père adoré est appelé par les désirs d'une immense famille, il doit naturellement préférer le lieu où ses enfans sont rassemblés en plus grand nombre. »

Bailly, après avoir pris les ordres du roi, annonça que lorsqu'il avait reçu ce prince à l'entrée de Paris, il lui avait adressé ces paroles : « C'est toujours avec plaisir *et avec confiance* que je me vois au milieu des habitans de ma bonne ville de Paris. » Mais, en répétant cette phrase, le maire oublia ces mots, *et avec confiance;*

le reine les lui rappela à haute voix. « Messieurs, reprit Bailly, vous êtes plus heureux que si je l'avais dit moi-même.

Le duc de Liancourt dit ensuite que l'assemblée nationale avait décrété qu'elle se regardait comme inséparable de la personne du roi, et qu'en conséquence elle viendraient tenir ses séances à Paris. Cette nouvelle excita de nouveaux transports de joie, et la famille royale se rendit au château des Tuileries, au milieu des bénédictions et des vœux d'une multitude immense.

Tel fut le résultat de cette insurrection qui, selon les uns, fut fomentée par Mirabeau et le duc d'Orléans; mais que d'autres, avec plus d'apparence de raison, regardent comme une simple émeute populaire, amenée par la disette, les complots de la cour, et l'orgie surtout à laquelle la famille royale avait eu l'inconcevable imprudence d'assister.

FIN DU TOME SECOND.

TABLE

DES MATIÈRES.

www.ingramcontent.com/pod-product-compliance
Lightning Source LLC
LaVergne TN
LVHW020613200726
843508LV00002B/475